Micky

UN TRIBUTO DIFERENTE

Micky

UN TRIBUTO DIFERENTE

Martha Figueroa

AGUILAR

AGUILAR

Micky. Un tributo diferente
© 2012, Martha Figueroa

© De esta edición:

Santillana USA Publishing Company
2023 N.W. 84th Ave.
Doral, FL, 33122
Tel: (305) 591-9522
Fax: (305) 591-7473

Las fotografías que aparecen en los pliegos a color de este libro pertenecen a Martha Figueroa y a diversas integrantes de clubes de fans de Luis Miguel, y han sido proporcionadas a la autora con autorización para su publicación.

Fotografía de cubierta: Getty Images
Diseño de cubierta: Jessika Macotela
Diseño de interiores: Fernando Ruiz

Primera edición: noviembre de 2012

ISBN: 978-0-88272-082-1

Printed in USA by HCI Printing

PRISA EDICIONES

*Para ti, mi Amor. Para que cuando
encuentres el libro por ahí —donde estés—,
lo puedas abrir y recordar que te quiero tanto.
Además, confieso ¡que lo escribí para dedicártelo!
Sueño con que lo leas. Sé que lo harás.*

Para Alex: es un hijo increíble.

Para Micky, por supuesto.

ÍNDICE

Un gracias enorme…

A todos en la editorial: Patricia, David, Fernanda, César y Carlos, qué gustazo trabajar con ustedes.

A Mamá y a mi familia maravillosa –incluido siempre Carlos. A mi Papá, mi héroe. Los quiero.

A Lauri –mi hermana menor– por ser una gran compañera de aventuras y por estar cuando más lo necesitaba.

A Renée Marie, Araceli, Hubbard y la Fernández. Mis incondicionales. Me hacen reír hasta cuando lloro. También podría escribir un libro que se llamara *Los brazos de Araceli*, cuánto consuelo y cariño encontré ahí. ¡Gracias!

A Jorge Ramos, tan alentador y generoso conmigo. ¡Uno de mis mejores lectores! Hace que me sienta divertida, sorprendente y escritora. Doctor, te dedico el capítulo de Miami.

A Martha Codó, una persona genial. Mil gracias por tu tiempo, ayuda y complicidad. Tú eres fan de Micky, yo…¡soy tu fan!

A Euge, Juani, Lucy, Jessica, Olivia y Yaz, por compartir sus tesoros.

A todas las (y los) fans de Luis Miguel, este libro es para ustedes, porque son únicos.

PRÓLOGO

Siempre quise escribir un libro. Creo que llevo 10 años tratando de hacer éste. Sí, me tardé un poco.

Me imaginaba como ese personaje de Diane Keaton en la película *Something's Gotta Give*. ¿Se acuerdan? La escritora que se enamora de Jack Nicholson. Amo esa escena cuando la mujer sufre una decepción amorosa y se sienta frente a la computadora a escribir como loca mientras llora y se ríe, ríe y llora, en una casa maravillosa frente al mar, en The Hamptons, con un montón de kleenex alrededor y música en francés de fondo.

Siempre pensé que así es como se escribían los libros: con vista al océano. Pues yo estuve a punto de cumplir esa fantasía, a punto. Casi. El primer intento literario lo hice en una habitación de hotel –increíble– que flotaba al ras del mar en Coronado. El ambiente era perfecto, pero la inspiración no llegó y no escribí nada, lo que se dice nada. Eso sí, tomé fotos buenísimas de los veleros que pasaban.

Al final, este libro no lo hice frente al mar, sino en un rincón de mi departamento. Les juro que me senté en una esquinita contra la pared. Básicamente, para no distraerme (es que soy muy dispersa). No lo escribí durante el verano neoyorquino, sino en 2 meses bastante complicados. Pero, eso sí, igual que la Keaton… ¡me senté frente a la computadora y tecleé llorando sin parar! Como el libro de Coelho *A orillas del río piedra me senté y lloré*, aquí se formó un arroyo debajo del escritorio y sólo faltó "tirar mi pañuelo al río para mirarlo cómo se hundía" como Julio Iglesias.

Es que, justo cuando empecé a escribir, ocurrió una fatalidad en mi vida. Y de ahí se desencadenaron una tras otra. Bueno, la tarde anterior a la entrega del libro…¡a mi perro se le estaban cayendo los ojos! (Sí. Cuando Dios aprieta, ahorca a gusto). Entonces tuve que salir corriendo al veterinario y escribí el capítulo más importante de prisa y con mucha tensión. Por fortuna, el oficio me salvó y creo que no se nota (jajaja).

Al final este libro fue una terapia maravillosa. Había días que decía "a ver en qué momento entran 2 enfermeros a darme electroshocks", pero acordarme de mis 25 años con Luis Miguel fue emocionante y muy divertido. Y cuando digo "con", también podría ser "ante, contra, desde, entre, hacia, para, por, según y trás".

Este libro —que espero tengan entre las manos, y no estén leyéndolo por arriba del hombro del que está sentado al lado porque da mucho coraje—, es un pretexto para hablar de mis andanzas con el cantante mexicano más exitoso de los últimos tiempos.

La historia empieza cuando busqué a Micky para proponerle que hiciéramos juntos un libro y termina la última vez que lo vi, la noche que me dijo que "Sí". Un "sí", precioso. Que luego se convirtió en "no". Después de un año, la editorial me sugirió un plan "B" y ¡aquí está!

Pensé en no hacerlo, porque a veces soy dudosa del interés que provoco. Pero cuando vi en la librería títulos como *50 ex novios peores que el tuyo*, *Ten things to do with a pint of ice cream*, *¿Cómo ir al baño en el bosque?* o *You say Tomato, I say Shut up*, me dije: hazlo.

La idea: un tributo a Luis Miguel por 30 años de carrera. Hay quienes piensan que Luis Miguel es un misterio y debería traer pegada en la espalda una etiqueta con las instrucciones —como las sopas de vasito— para encontrarle el modo. Yo le "entendí a primera vista" a los 22 años (él tenía 18) y a los 46 sigo siendo fan. Además, desde el día uno quise ser su biógrafa.

En realidad, mi primera conexión con el "Sol" fue a los 19. Cuando decidí abrazar seriamente el periodismo, después de tener un pequeño desliz con las danzas polinesias.

Al llegar a México para estudiar, viví de asilada con una de mis mejores amigas de la infancia, Gabriela Teissier, quien es presentadora de "Primera Edición", el noticiero matutino de *Univisión* en Los Ángeles. Gaby es una persona es-tu-pen-da (con todas las letras), pero además canta hermoso y había sido "ex" de Luis Miguel. Ahora verán…

Cuando Micky lanzó el disco *Un sol*, Gaby fue su primera corista y lo acompañaba —con una niña rubia de pelo largo, larguísimo— en sus presentaciones de televisión con un "solecito" pegado en la solapa. El segundo apellido de Gaby es Zavala y —¡sí!— pertenece a la dinastía de los mejores coros del mundo: los Hermanos Zavala (los de "pa ra pa, pa ra pa, pa pa pa pa ra, pa ra…" del Festival OTI). Pasó el tiempo y cada vez que Luis Miguel la veía le decía: "¡Hola ex!" Y ahí nos tenían al par de amigas, muertas de risa con el anecdotario.

Aunque parece que hoy sólo se escriben libros contra alguien, este es "pro" alguien y se hizo con curiosidad, desenfado, buen humor, respeto y unas lágrimas. Está hecho desde el cariño. Alguien me dijo: "Si quieres ser su amiga, sé implacable y honesta." Juró que traté. Aunque mi opinión está "sesgada" (debo confesar), porque me gana el orgullo de conocer al Mejor intérprete de habla hispana *around the World*. Habla poco y es elegante. Yo soy, ¡todo lo contrario! Por eso, la autora del libro –que soy yo– quiere que sepan que éste es un homenaje distinto. Un tributo diferente.

Sí, esta soy yo. Sentada en la banqueta del Auditorio Nacional, esperando a Luis Miguel. Claro, en la foto parezco cualquier mujer china, pero no, soy yo.

En ese solitario paraje acababa de tomar dos decisiones muy importantes: la primera, que no me movería de ahí hasta que él llegara; y la segunda, que me pondría muy dramática frente a la camioneta negra y diría: "¡Micky, necesito hablar contigo viva o muerta! Tú dirás si me escuchas o si utilizamos un médium." Muchas veces tienes que tomarte el periodismo con humor macabro.

Juro que soy una mujer partidaria del correo electrónico, el celular, los mensajes multimedia o los recados por medio de terceras personas (que son bellísimos porque nos remontan a otras épocas, pero son inútiles). Todo lo anterior es muy práctico, siempre y cuando la persona que buscas no sea la máxima estrella de la música latina. Cuando quieres hablar con Luis Miguel, hay que usar métodos alternativos. Como el mío, desesperado pero contundente.

Pues ahí estaba yo. Sola, pero con un par de aliados en el interior del Auditorio –que actuaban como soplones profesionales pero no lo eran— y un hombre que me apoyaba moral y psicológicamente desde las oficinas del Noticiero Univisión en Miami, mi amigo Jorge Ramos.

Esa mañana, el aliado número uno me avisó que Luis Miguel haría un ensayo nocturno para el Tour 2011. Así que me vestí de camuflaje (estampado felino, por si acaso) y después de ir a trabajar como una persona normal, corrí a la puerta secreta del Auditorio Nacional para emboscarlo con todo y motos, camionetas y guardaespaldas de colores.

Debo confesar que estaba inquieta porque había perdido contacto con Luis Miguel desde hacía un par de años, pero todo estaba perfectamente planeado: cuando el convoy apareciera en el horizonte, yo saltaría como resorte frente a la camioneta y, de ser necesario, gritaría como en las películas: "¡Soy yo!", porque no podía arriesgarme a que no me reconociera con treinta kilos menos. Bueno, hasta ensayé y brinqué tres o cuatro veces en falso (espero que aprecien mi sinceridad) para dominar la situación.

La información de los infiltrados dentro del Auditorio ayudaba poco, pues sólo me enviaban datos como: "Ya está todo listo para el ensayo", "LM no ha salido del hotel", "no habrá mariachi" (¡qué bueno!, pensé), "los músicos ya llegaron", "no viene Joe Madera con él" y poco más. Poquitito.

Esperé varias horas, las suficientes para llegar a la conclusión de que una periodista respetada no se comporta de ese modo. Pero como recordé que soy de las que hacen lo que se tenga que hacer muerta de risa, me quedé al pie del cañón. Estoy loca, ni modo.

Ese 10 de febrero, Ramos, el periodista latino más influyente de Estados Unidos, fue muy solidario. "Seguro vas a hablar con él", me animaba. Aunque en realidad lo que quería decirme era *Finish the damn book!!!* ¡Ponte a escribir con o sin Luis Miguel!" Y me lo soltó sin piedad ni rodeos: "¡Ya, hazlo!"

Jorge había estado en México entrevistando a los precandidatos a la presidencia y fue uno de mis primeros cómplices cuando surgió el proyecto de este libro.

—Te mando una bella postal de tu amiga plantada en la banqueta esperando al máximo exponente. Besos... —le envié un mensaje.

—Tienes cara de fan de 15 años esperando a su ídolo... ¿será? —contestó Jorge.

—Gracias por lo de quinceañera, pero después de estar aquí horas, traigo reumas y contracturas —le mandé otro. Y luego otro. Y luego el último del día con la mala noticia: "¡Canceló el ensayo! No viene..."

Así que LM no supo que este libro venía en camino (no esa noche).

Conocí a Luis Miguel en 1987, cuando era reportera de la revista *TVyNovelas*. En la rifa siempre me tocaba escribir artículos "súper importantes" en los que invariablemente aparecía Luis Miguel, quien ya era el soltero más codiciado de México. Recuerdo que escribí uno titulado "¿Quién es el galán de mejor cuerpo?", donde elogiaba los enormes bíceps que Luis Miguel lucía en el videoclip "Cuando calienta el sol".Claro, se ve que el jefe de redacción decía: "¡Que los escriba Martha, que es la novata!" Y yo tecleaba con profesionalismo.

Por si quieren anotarlo por ahí (como un dato gratuito y enriquecedor), Luis Miguel iba a la cabeza en la votación con 612 puntos, por encima de galanes como Emmanuel, Ernesto Laguardia, Guillermo Capetillo, Andrés García, Chayanne y Charlie Massó. No saben los paraísos mentales que yo me hacía comparando las fotos. ¡Qué entusiasta he sido siempre!

Después de verlo en esas fotografías y cantar con él "te voy a olvidaaaaar, palabra de honooor..." cada vez que pasaban su video en la tarde, finalmente lo conocí personalmente justo la noche que cumplió 18 años, en la gala de la entrega del trofeo *TVyNovelas*. Ese año lo premiaron como "El cantante de mayor éxito en 1987" por el álbum *Soy como quiero ser*, que era una maravilla.

Yo me sentía muy cercana a él por ser la encargada de enaltecer cada semana sus músculos, así que cuando nos cruzamos junto al escenario, con toda la euforia que me permitió el cuerpo le solté un: "¡Felicidades!" Él volteó con la insuperable sonrisa del huequito, me miró... y respondió con un estupendo e inolvidable: "¡Gracias!" Y yo sentí como si me hubiera dado todo un discurso. Hay veces que una sola palabra basta para alebrestar a un alma principiante, a una reportera apasionada.

Aunque todas las mujeres se peleaban por entregarle el trofeo, la encargada de dicho honor fue una señora llamada Shulamis Chertorivsky, quien era la directora general de ventas de la revista, y de Publicaciones Continentales (¿por qué me acuerdo de eso? ¡No tengo idea! Es ese tipo de información inútil que se va acumulando en la vida).

Al día siguiente, con la resaca de la emoción, le pedí a mi jefe que me asignara la cobertura de todo lo relacionado con Luis Miguel. Mi jefe asintió sin hacerme ni caso, pero yo me lo tomé tan en serio como el que recibe la antorcha olímpica.

Por supuesto que conocía la carrera de Luis Miguel desde el principio. Me encantaba su voz (siempre me pareció increíble) y la manera tan intensa de interpretar historias de amor que, obviamente, no había vivido. El niño cantando: "Cariño mío sólo tu y yo, los dos sin nada que ocultar."

Según como se mire, lo mío con Luis Miguel fue simpatía a primera vista o una especie de "asignación divina". Creo que alguien en lo alto se apiadó de mí y decidió que siguiera al que sería uno de los artistas más grandes de la historia, para compensar el poco caso que me hacían en aquella redacción.

Dicho en cristiano: si Dios me puso en ese camino, ¿quién soy yo para quitarme? ¡Y yo, cuando me conviene, soy muy creyente! O quizá fue una manera de agradecerle que haya llegado a alivianar mi vida musical. Algo así como: "Gracias por aparecer en la música, ¡te seguiré siempre!" (Jajaja.) Porque yo fui esa niña que, a falta de canciones y cantantes juveniles, tenía que cantar a garganta batiente: "Touch me in the morning", en la que Diana Ross exigía a su amante que la tocara y luego cerrara la puerta; o la oda a la infidelidad titulada: "Que perdone tu señora", de Manoella Torres. ¿Se acuerdan de ésa? "No pidas que yo te olvide, pues sabes cuánto te amo. Aunque tu amor sea prohibido, aunque se llame pecado..."

Aunque siempre fui tan intensa que en lugar de las de Cri-cri, yo prefería que me cantaran: "Qué estúpido fui, mujer."

La segunda vez que vi a Luis Miguel, algunas semanas después, lo entrevisté largo y tendido en su primer departamento de soltero. Todavía tengo la costumbre de voltear a ver el depa cada vez que paso por ahí, ¡como si Luis Miguel fuera a salir en cualquier momento!

Desde entonces han pasado veinticinco años y ustedes han escuchado casi todo del niño estrella que se convirtió en el número uno del pop y el bolero en español. Casi todo.

En 2012, Luis Miguel cumple tres décadas de estar en la cima y sé que un día se sentará y contará sus memorias y aventuras. No falta tanto. Pero mientras sucede, les adelanto algunas de esas historias vistas por otros ojos. Los míos y varios más.

Éste es mi recorrido personal junto a la carrera de Luis Miguel. Los periodistas tenemos el vicio y el oficio de escribir y contar lo que vivimos. Por eso pensé que sería interesante y divertido plasmar para la posteridad, en un libro, lo que encontré en el camino mientras lo esperaba.

Mientras lo espero.

ENTRÉGATE...

(QUE AÚN NO TE SIENTO)

En aquella sala de redacción yo era una nueva. La "nueva". Muy curiosa y preguntona, pero con el inconveniente de que a los veinte años solía ser una buena mujer. Cuando me ponían a un famoso enfrente, esa *cualidad* era evidente en mis cuestionarios, los cuales resultaban sencillos y sin malicia.

Entonces yo no aspiraba a convertirme, como todas, en Bárbara Walters. Más bien, quería ser ¡Guillermo Ochoa! para entrevistar con inteligencia y desparpajo. Mientras aprendía la técnica, me mandaron a interrogar al cantante sensación una tarde, como a las seis.

"¡Qué bueno! —recuerdo que dije muy alegre— porque de noche todos los gatos somos pardos (ja), y así no tengo que regresar a mi casa a ponerme guapa." Es que era la primera visita a un *penthouse* en mi vida.

—Hola, Luis Miguel...

—¡Hola! ¿Cómo estás, guapa? (¿Lo ven? ¡Funciona! De noche...)

—¿Por qué tomaste la decisión de instalarte lejos de tu padre y tu familia?

—Para mí, cumplir dieciocho años implicó muchas cosas. Creo que es una edad muy importante en el hombre. Es el momento de tomar decisiones serias, aunque en mi caso empecé a tomarlas desde hace varios años.

–¿Te separas también profesionalmente de tu padre?

–No me he separado de mi padre. Lo que pasa es que, en el principio de mi carrera, él estaba demasiado metido en mis asuntos y hacia muchísimas cosas por mí. Era porque yo tenía diez u once años. A mi padre le hacía mucho daño físicamente, y en todos los sentidos, llevar tantas cosas de mi carrera. Ahora las cosas han evolucionado y decidimos crear un grupo de gente que se dedique a eso, pero mi padre sigue vinculado a mí.

–¿Cómo te sientes en tu nueva vida solo?

–Estoy planeando el suicidio, ¡me voy a matar!, jajaja… Me siento muy bien, siempre he sido muy independiente y me gusta ser así, ahora más que nunca. Aunque en realidad en mi familia no éramos muy unidos. Fuimos hasta cierto punto, hasta cierta edad, pero luego ya esa unión desapareció y empecé a independizarme. Hace poco me cambié a mi nueva casa y vivo muy bien, vivo contento, solo. Quiero establecerme bien yo mismo para tratar de mejorar después a mi familia.

–¿Quién se ocupa de atenderte y del cuidado de la casa?

–Tengo a mis nanas que están conmigo y me ayudan más o menos con mis cosas personales. Y voy bien, me cocinan y me hacen todo. Vivo bien, mejor que acompañado.

–¿Qué terreno tiene tu casa? (Jajaja, ¿qué opinan de la pregunta? Soy la reportera *realtor*, como si lo mío fueran los bienes raíces.)

–Tiene tres cuartos, su patio, un jardincito, alberquita, saunita, jacuzzito…

–¿No te sientes solo?

–*Sometimes!* Pero me cae bien, yo disfruto la soledad tanto como estar bien acompañado. Eso sí, no me gusta permanecer mucho tiempo solo porque me deprimo. Pero para eso tengo a mis amigos, pocos, pero los disfruto y comparto cosas con ellos.

—¿En qué inviertes tu dinero? ¿Cómo lo administras?

—Mira, lo que pasa es que el aspecto económico no lo he querido manejar porque no me atrae en absoluto. El asunto del dinero me saca del mundo en el que quiero vivir: el mundo de la música y de mis cosas. Todo lo económico se lo dejo a mi padre. Él se ocupa de mis negocios.

—¿Tu padre es quien estipula una cantidad para tus gastos? ¿O cómo le haces?

—Creo que hay cosas más importantes que el dinero. Trato de ver la vida más fantasiosa porque si no, está grueso... Te vuelves un robot, algo mecánico, y no quiero eso. Yo lo que quiero y lo puedo comprar, lo compro. No soy una persona que tenga yates en la Costa Azul, ni veinte casas. Con mi casita, mi carro y lo que tengo, me basta. Soy ambicioso en mi carrera, pero no en lo económico ni en lo material.

—Ahora que eres totalmente independiente, ¿has pensado vivir en pareja o casarte? (Ahora soy la reportera juez de paz, ¡lo quería casar a los dieciocho!)

—Yo no podría casarme a esta edad, ni en cinco años, ni loco... ¡Me tienen que matar! Sé que fracasaría. Tal vez cambie de manera de pensar cuando tenga treinta y tantos años, pero no ahora. Sí creo en el matrimonio, pero es un tema muy difícil para mí. Más que el matrimonio me gusta la familia. Me voy a poner un poco psicólogo, jajaja. A lo mejor porque a mi me faltó en cierto punto, yo quiero tener *mi* familia y la quiero tener bien. Y el matrimonio, no sé. Aunque tener hijos sin haberte casado tampoco tiene lógica. Ahorita quiero vivir tranquilo y soltero.

—¿Por qué la nueva imagen de seductor irresistible?

—Eso no es cierto. Es una imagen que a la gente le gustó o que me están creando o no sé, pero no me molesta para nada. Prefiero que digan un millón de veces que soy seductor a otra cosa que ya me han dicho. Pero, ¿qué no me han dicho? ¡Me han dicho de todo! Siempre me quieren buscar los tres pies. A veces sí me da coraje que llega gente, no sé algún periodista de otro país, con la idea de que "todo en el artista es color de rosa y por eso voy a molestarlo". ¿Sabes cómo? O por eso tengo que tenerle celos o por eso tengo que tenerle envidia... En este mundo artístico hay mucha gente que se encarga de ponerle mucho *bluff*, de que aquí todo es bellísimo. Fama, dinero, mujeres, éxito... y sí es eso, ¡pero no creas que no se paga! Hay muchos sacrificios.

—¿Cómo conquistas a las mujeres? (¡Tengo la actualización! Hace poco dijo en Los Ángeles que su secreto era... ¡el perfume! Soy testigo. Del olor.)

—Pues no tengo ningún plan, a veces me salen las cosas y a veces no. Me comporto como soy y nada más. En las relaciones que he tenido siempre he sido auténtico. Soy una persona a veces voluble, creo que muy detallista. Me gusta más regalar que recibir, me cuesta más trabajo decir "gracias" por un regalo que me están dando, a que me digan "gracias" por algo que yo di. Es una satisfacción propia, lo disfruto mucho. Parece egoísta, pero no. Soy una persona normal y tengo mis problemas como cualquier otro. Trato de que mi vida, supuestamente privada, sí lo sea. Yo entrego demasiado a mi público, hasta los problemas más íntimos de mi familia los he entregado de la forma más buena onda que te puedes imaginar. Pero hay cosas que me gusta reservarme, ni modo que lo diga todo. Si no, ¡qué chiste!

—¿A qué edad tuviste tu primera experiencia sexual? (Estaba tan nerviosa por preguntarle esto que no escuché que él no hablaba de su vida privada. Casi casi le gritaba: "¡Entrégate!" Pero, digo y sostengo que conocer los hábitos sexuales de una persona te dice mucho. Perdón, pues.)

—Definitivamente tuve una primera experiencia sexual como todo el mundo. A una edad creo que lógica, según la capacidad que yo tenía en aquel entonces. Con eso he dicho todo...

—¿Has tenido experiencias fuertes con tus admiradoras? (¡Homenaje a las fans!)

—Me han hecho varias cosas interesantes —sonríe, picarón—. He tenido muchas experiencias chistosas, sobre todo cuando estoy de gira, en los hoteles. Una vez llegué tardísimo, cansado, de corbata y muy sudado porque había terminado de actuar en una discoteca. Cuando llegué a mi habitación, lo primero que hice fue deshacerme de mi representante y toda mi gente, para dormir y no saber más nada. De repente, empiezo a oír ruidos y cuando prendo la luz ¡sale una chica del armario para pedirme un autógrafo! Me pareció maravilloso.

—¿Te hacen muchas proposiciones?

—¡Imagínate! Pero las de mujeres son divinas, las que a veces son tremendas son las de algunos hombres que tienen sus mañas. Me han llegado cartas que dicen "Luis Miguel, eres lo máximo para mí, tu cariño, tu afán de... bueno, cosas bellísimas. Firma: ¡Eduardo!" ¿Qué es esto? Me han pasado cosas rarísimas.

—¿Y tú que sientes?

—Pues hasta cierto punto es bonito, lo asimilas, lo entiendes y te gusta. Pero a veces me ponen en situaciones muy gruesas, muy comprometedoras. Me han llegado tipos, como el típico novio celoso, que me quiere golpear porque le gusto a su novia.

—¿Qué es lo primero que ves en una mujer?

—Mmmmm, ¡mejor no! Jajaja. Lo físico es importante pero, te voy a ser sincero, hay más cosas. El carácter de una mujer, para mi forma de ser, es muy importante. Un carácter fuerte pero, a la vez, que se acomode a mí. Buen humor, inteligente. Me puedo enamorar de una que no sea muy guapa, pero que tenga algo atractivo. Que sepa cómo dominarme. Si conoce mis puntos débiles… ¡ya la hizo!

—¿Cuáles de tus romances han sido ciertos?

—Más bien, ¡cuáles no han sido ciertos! Han hablado de un montón.

—¿Lucía Méndez?

—Lucía es una gran amiga, es una maravillosa mujer y yo la quiero mucho. Nos inventaron un romance y mil cosas, pero ni a ella ni a mí nos afectó. Se inventó un rumor, como ahora se está inventando con Sasha, y se inventarán con mil personas.

—¿Estás enamorado?

—En este momento, ya no.

—¿Ya no? ¿Y Marianita?

—¿Qué Marianita?

—Yazbek.

—¿Con Mariana Yazbek? Pues las cosas al igual que empiezan, terminan.

—Ése sí fue cierto…

—¿Eh? Sí. Hubo ahí un pequeño romance. Pero ya. Estoy solterísimo y sin compromiso.

—Has declarado que te gustan las mujeres mayores que tú. ¿Por qué?

—Me gustan las mayores pero también las chicas. Me ha pasado que veo una mujer que ya no tiene nada que ver con mi edad y que me ha encantado. Pero sólo porque dije eso, todo mundo pensó que era un violador o algo por el estilo, pero para nada. Una vez en Argentina me topé con una señora que podía ser fácilmente mi mamá. Te estoy hablando de treinta y cinco o cuarenta años. (Nota de la autora: ¡diez años menos que los que tengo ahora! Ya podría pertenecer a la ONG "*Cougars* sin fronteras".) Llegó a mi camerino terminando la actuación, traía un abrigo de piel, pero el torso desnudo. De plano me dijo: "Yo no vengo a pedirte un autógrafo ni vengo a nada. Vengo a que me hagas el amor." ¡Hijo, mano! Yo me quedé impresionado y le contesté que no había necesidad, que era importante que platicáramos y me escapé por la retaguardia. Imagínate si se atreve a eso, ¿a qué no se atreverá? O ¡igual y la mato yo a ella! —y soltó una tremenda carcajada.

—Pregunta *bonus*, ¿es verdad que tienes planes para una película?

—Como actor tengo muchas ilusiones, pero parece ser que los guionistas no me quieren reconocer. No quieren entender que puedo hacer una película sin necesidad de cantar. Me gustaría un personaje romántico, con suspenso y que tenga acción. Si puedo evitar lo musical, mejor. No tengo que mezclar al cantante con el actor. Pero todos los guiones que me dan son: "Está Luis Miguel cantando, llega una chava y se enamoran..." ¡Eso ya lo hice en *Fiebre de amor*!"

—¿Una telenovela?

—¡Qué flojera! Creo que nunca haría una. Me harta la idea de estar seis meses haciendo capítulos.

Ay, ¡cómo cambia la vida cuando tienes veinte años! ¡En veinte años! A los cuarenta, ya es otro cuento. Aunque también es verdad que seguimos siendo los mismos. El artista y la reportera juntos, aunque nos separe un abismo... invisible.

¡Me gusta!

Me gusta...

VERTE ES UN PLACER...

(AH, NO, "AMARTE")

Un buen día Luis Miguel apareció con un cuerpazo. Y como a mí siempre me han interesado profundamente las cosas frívolas, pedí una entrevista para preguntarle, básicamente, qué le había sucedido.

Para ubicarlos en tiempo y espacio, les digo que yo tenía veinticuatro años y estaba recién casada. O dicho de una forma menos protagónica, era cuando Luis Miguel cantaba "Un hombre busca a una mujer", "Esa niña" (que antes grabó Sergio Fachelli en el álbum *Secretos*), "Separados", "Culpable o no" y "La incondicional". *One more time* nos vimos en su departamento y por alguna extraña razón (o para abreviar) yo le decía Luis. ¡Luis!, háganme el favor...

A continuación reproduzco lo que hablamos, tal cual. Aunque diré a mi favor que primero le hice una pregunta de colchón, para que no pensara que yo era una reportera tonta, de ésas...

—"Luis", cuéntame cómo será tu próximo disco. (Iba a grabar *20 años*.)

—¡Quiero cantar muchas baladas! Baladas y cosas de amor profundo porque, pa' qué te miento, son cosas que siento. Nunca he interpretado algo que no haya sentido. Quiero plasmar la situación que estoy viviendo, que gente de dieciocho años y mayores y menores se identifiquen.

—Y dime, Luis, ¿cómo le haces para cuidar el cuerpo? De repente se te hizo un *cuerpazazoooo*.

—Jaja ¡Gracias! Es que me puse a hacer mucho ejercicio. ¿Sabes qué pasa?, que cuando me fui a Los Ángeles, me pusieron a un maestro sensacional. Se llama Body by Jake, es maravilloso y me puso a sudar durante dos meses.

Micky se refería a Jake Steinfeld, actor y experto en la industria del *fitness* por años. Jake tiene todo un emporio de libros, programas de televisión, productos para hacer ejercicio, alimentos y un sistema de entrenadores por Internet. Él fue quien puso en forma a Harrison Ford para *Indiana Jones y el Templo de la perdición*, por ejemplo. Por lo que sabemos esos músculos salieron casi a latigazos.

—A las seis de la mañana me paraba. ¡Era como un sargento! Y yo lo odiaba a muerte. A mí me ponían su foto y la del diablo, ¡y no sé a quién odiaba más! Me levantaba a gritos el tipo este: "*Come on, wake up!*", "*you got to do this exercise…*" y cien lagartijas ahí. Yo todavía con la almohada aquí, tratando de despertar. Le decía: "No puedo, por favor, me estoy desmayando…"

Pero el lema de Jake es: "Manténte en la pelea cuando más fuerte te peguen, cuando las cosas parecen peores no debes rendirte. ¡No renuncies a ti mismo!"

—Fíjate nada más hasta qué punto me hizo sudar ese hombre que la primera y la segunda clase que tuve con él a las seis y media o siete de la mañana ¡me hizo vomitar! Imagínate. Me decía: "Tráete una escoba", y yo digo: "¿Para qué querrá una escoba? ¿Quiere jugar a la brujita?", y me ponía la escoba en los hombros y hacíamos para los lados, arriba y abajo, sentadillas…

¡Mil de ésas! Yo era muy delgado antes y empecé a formarme. Y también a consecuencia del ejercicio empecé a comer bastante bien, cosa que antes no hacía. Comía carbohidratos, papas, pan... Me ayudó mucho este tipo. ¡Hasta ganas tengo de verlo! Ahora que vaya a Los Ángeles... Sigo haciendo ejercicio, pero algo más tranquilo. Uno no tiene tanta fuerza de voluntad para levantarse a las seis, y este hombre sí. Me acuerdo que me jalaba del pijama, me tiraba al suelo y me ponía a hacer ejercicio. ¡Era una bestia, un animal! Pero se ganó mi respeto.

Hace un par de años me acordé del Jake de Luis Miguel, y debo confesar que estuve a punto de abrazar el método de la "bestia". Lo encontré en la web con la oferta de "entrenador sólo para mí veinticuatro horas al día, los siete días de la semana, plan alimenticio y sin pago de membresía, por menos de dos dólares diarios". Oigan, me pareció una oportunidad única. Hasta que me arrepentí, porque recordé que odio el ejercicio y que la celulitis es parte de la belleza, según los gurús modernos. ¡Vivan los gurús!

La imagen de Luis Miguel en el escenario es famosa. Tiene algo además de la voz que lo separa del resto de los cantantes. Por eso le pregunté:

—¿Qué tan real es la imagen tuya que vemos en los conciertos? ¿Así eres? O...

—Mi cabeza es un mundo lleno de ideas maravillosas. Entonces cuando estoy en el escenario, reflejo esas ideas, expresándolas físicamente. ¡Cosa que yo nunca aprendí! Nunca aprendí a bailar. Estuve en una clase en Estados Unidos con una chava, fui diez días y al onceavo le dije: "¿Sabes qué? Ya estoy hasta acá... Ya no quiero saber más nada del baile." La dejé y ahora hago lo que yo siento en el escenario. Algunos piensan que soy *sexy* y otros piensan que es absurdo lo que hago. Hay diferentes opiniones. Pero lo cierto es que hago lo que yo siento y eso es lo que me importa. Yo nunca en mi vida me he puesto frente a un espejo para ensayar qué movimientos voy a hacer ni nada. La gente que viene conmigo en las giras se divierte porque en cada actuación hago otro movimiento, diferentes cosas cada vez. Algunas me salen bien y otras me salen mal, pero es lo que siento.

Llegué a la conclusión de que mi metabolismo era muy distinto al de Luis Miguel. Mi cuerpo sabe que va a quemar energía y le entra hambre, pero luego se le olvida y no se mueve.

YO QUE NO VIVO SIN TI

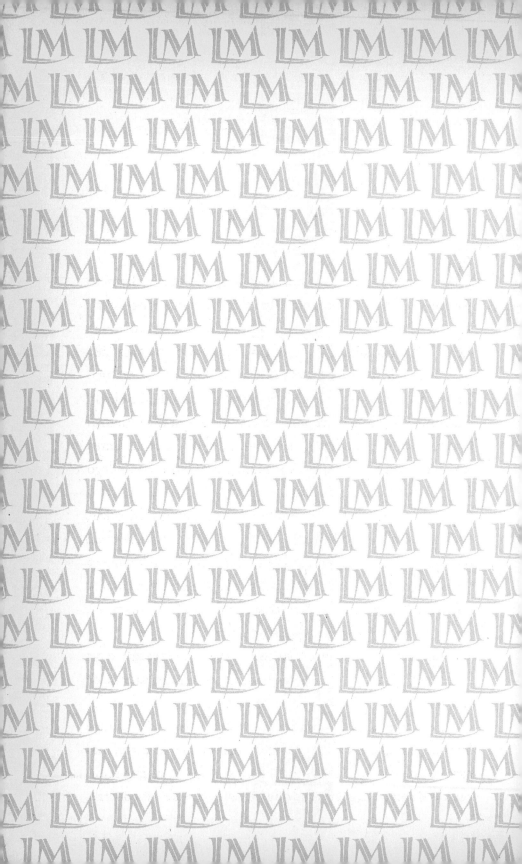

No recuerdo bien qué ocurría en el mundo en 1988, pero ese año Luis Miguel presentó el video "Yo que no vivo sin ti". Yo estaba ahí. También cuando grabó el video "Fría como el viento", cuando lanzó *20 años*, cuando le entregó una medalla a Estefanía de Mónaco en el Festival Acapulco, cuando hizo las tres primeras portadas de la revista *Eres*, cuando recibió un Galardón a los Grandes por *Aries*, cuando Alejandra Guzmán le saltó encima, cuando visitó a Rebeca de Alba, cuando entró al Baby'O con Daisy Fuentes, y cuando Stephanie Salas llegó del ginecólogo con la noticia del embarazo…

Sí, les digo que esto ha sido un doctorado muy divertido. Me casé, tuve un bebé, otro bebé, me descasé, me fui, regresé, me enamoré, troné, viajé, cambié de camiseta setenta y nueve veces, engordé, enflaqué, rengordé, enflaqué otra vez y como dicen en Argentina "… y Micky no se va, y Micky no se va". ¡Creo que ha sido mi relación más duradera!

La salida de este libro será como un periodo sabático ¡ya no lo perseguiré!, aunque sé que siempre estaré pendiente de sus andanzas. Oigan, es que ya no estoy para esos trotes.

Pero, lo que quiero contar en este capítulo es que, aunque he pasado más de la mitad de mi vida cerca, menos cerca, más cerca o como sea, de Luis Miguel, no sé si las cosas que se dicen de él son ciertas, sólo las que he visto, las que me constan.

Ya sé que muchos compraron este libro pensando: "La Figueroa es muy mala y le sabe mucho a Luis Miguel. Va a contar todos sus misterios." ¡Ay, muchachos, qué pena que ya los hice gastar! Si todavía están en la fila para pagarlo, cómprenlo, no se detengan. Sé que lo van a disfrutar (que es el fin principal), pero también conocerán a Luis Miguel en los pequeños detalles.

No es sólo no querer pasar la menopausia demandada y en los juzgados, sino porque de lo único que estoy segura es de las cosas que yo —y nadie más que yo— ha vivido, visto o escuchado. Y también, debo decirlo, porque todas las personas cercanas a Luis Miguel a las que les pregunté si querían salir en mi libro me dijeron: "NO."

—¡Cuéntame cosas de Micky!

—No.

—¿Cosas buenas?

—No.

—¿Anécdotas padres?

—No.

—¡Es un libro pro Luis Miguel…!

—No.

Así me fui quedando sin testimonios. Éste iba a ser un libro en el que personalidades importantes contarían sus anécdotas con Luis Miguel y así iba a hilar la historia del ídolo en estos treinta años de carrera. ¡Una idea increíble, emotiva y fantástica! Pues siempre no.

Bueno, al fin y al cabo, como les iba diciendo, la vida me ha enseñado que sólo puedo confiar en mí, ¡y eso a veces!

Una vez, una cantante súper famosa me confesó algo tremendo sobre Luis Miguel. Era una mentira gorda, pero yo le creí sin dudar porque era una fuente "cercanísima y veraz".

Nada. Mentira podrida. Si antes de terminar el libro me entran ganas de contarla −o mis editores me convencen− prometo escribirla.

Por todo lo anterior, cambió la forma del libro, pero el fondo sigue ahí... ¡Hablemos de Luis Miguel!

Cuando pasas de los cuarenta años, la memoria te juega trastadas. O mejor dicho, te abandona. Yo empiezo a olvidar lo que pasó ayer, los números telefónicos o mis asuntos pendientes del día a día. Pero recuerdo, por ejemplo, con una nitidez que asusta lo de 1989 (me han dicho: "¡Qué miedo! ¿Por qué te acuerdas de eso?").

Cuando salió al mercado la revista *Eres*, Luis Miguel era el consentido. En todas las juntas mi santa ex jefa nos lo presumía "es que Micky...", "me dijo Micky...", "me encontré a Micky..." La directora de la revista, Laura D. B. de Laviada, era su fan. Creo que se conocían de Acapulco, por el fotógrafo Pancho Gilardi, y de la vida misma. Entonces lo invitó a ser la portada del primer número en pareja con Sasha. ¿Se acuerdan de la campaña de lanzamiento? En los comerciales aparecía la ex timbiriche diciendo "Yo soy Sasha... Y tú, ¿quién eres?"

Además de la portada, la pareja era protagonista del reportaje central de la revista: los besos. Entonces Panchito, que era genial, les tomaba fotos, básicamente, besándose sin parar. Volteen para acá, ahora para allá, con chicle, con ajos, con mordida, de piquito. Y ésta reportera anotando la lección. Aunque esos besos ya me los sabía.

Micky, tan dispuesto a cooperar, masticó toda la bolsa de chicles, pero no quiso sostener el ajo (a lo mejor sí es vampiro, como dicen). Regresaba de algunos meses retirado de todo lo que tuviera que ver con su carrera. Si no me equivoco, creo que es la única pausa importante que ha hecho en treinta años. Ese día nos contó que nunca regresaría con una ex (ya vimos que sólo con Daisy), que estuvo haciendo mucho ejercicio, que le encantaba hacer lagartijas para sacar la energía extra, que prefería lo salado a lo dulce, y que le gustaban las mujeres sensuales con mucho sentido del humor.

Ya cuando dijo: "No me considero un galán, pero sé que no estoy mal", todos se botaron de risa, incluida Sasha.

Ésa fue la mejor portada de la historia de *Eres* –justo en septiembre de 1988– y se agotó. Salió en el momento justo cuando se decía que tenían un romance. No, el "romance" surgió ahí. Soy un testigo.

Un año después, para el segundo aniversario, hicimos la segunda portada con Micky y la continuación del reportaje de los besos. Esta vez fue Thalía, a quien Luis Miguel bautizó como la Pechochura (de preciosura, creo). La Pechochura para acá y la Pechochura para allá.

No crean que se nos ocurrió que se besaran porque sí. ¡No! Bueno, sí. Es que semanas antes lanzamos en la revista una competencia de "Bocas *sexys*. Ellos y ellas" y los ganadores del reñido y apasionado certamen fueron Micky y Thali, que en esa época era una de mis amigas consentidas. ¡Ya llovió! Por favor, anoten (junto al otro dato gratuito) que Luis Miguel ganó con 33 mil 184 votos, seguido de Mijares con 17 mil y de ahí para abajo Diego Schoening, Omar Fierro y Armando Araiza. ¡A veces los datos más simples reflejan toda una época!

Fue una sesión divertidísima, en la que la única que sufrió fue la maquillista porque Luis Miguel llegó con la cara descarapelada de tanto sol. De hecho acababa de aterrizar de Acapulco. Entró, nos dio besos a todos (¡yeah!), abrazó a Pancho, se alborotó el pelo y dijo: "¡Estoy listo!"

Al principio, a Thalía le daba un poco de pena decirle: "¡Hola!" y besarlo sin parar, así sin conocerse tanto. ¿Será que a los diociocho años, en 1989, la vida se veía de otra manera? Luis Miguel, estaba fascinado con la idea. Sonrientísimo, con cara de ¿a quién tengo que besar? Así que, por si se echaba para atrás Thali, ya teníamos una fila de suplentes.

Esa tarde en la San Miguel Chapultepec… ¡Ah, qué buenos besos se dieron! Y miren que los primeros fueron de mentiritas, porque, luego, nos costó separarlos. Gilardi me mandó a distraer a la mamá de Thalía –doña Yolanda querida– para que no se pusiera pesada y tomó fotos sin control.

Me acuerdo que le pregunté:

–¿Y qué hago con ella?

–¡Enciérrala en mi oficina!

Y yo, obedecí (jajaja).

Se quedaron tan picados por los besos que Micky le mando flores a Thalía al día siguiente, primero rosas amarillas y luego rojas. Salieron un par de veces y cada uno siguió por su lado.

El tercer año, todas las famosas llamaban a la editorial porque querían salir en la portada con Luis Miguel. Pero él, que ya era más Luis Miguel, no quiso compartir la portada con nadie. El concepto de la tapa de la revista era una pareja siempre, (bueno hubo hasta tríos) así que para no romper con eso, le pusieron como compañera a la hija mayor de la jefa Laviada, de espaldas. O sea, Micky y una melena misteriosa. Todos preguntaban, ¿quién es, quién es?

Durante las primeras entregas de los premios *Eres*, Luis Miguel era el gran favorito. Una vez, durante un ensayo, Alejandra Guzmán esperaba tranquilamente su turno, hasta que alguien gritó: "¡Ya llegó Luis Miguel!" Uy, la escena fue preciosa. Cuando él apareció sobre el escenario –con anteojos de ver– la Guzmán corrió, empujó y gritó hacia allá con cara de peligro. Cual Scooby Doo, lo abrazó del cuello, se le encaramó

51

muy chistoso y lo llenó de besos. Y la verdad es que a todos les dio risa, porque entonces no se sabía que Alejandra era la tía abuela de la hija de L. M. Micky ensayó un rato y, en la noche, durante la entrega de trofeos, estaba súper emocionado porque artistas e invitados le aplaudieron sin parar.

Después de eso, la vida me hizo crecer en cuestión de "chamba". Así que dejé la revista y me fui a trabajar con Raúl Velasco a la tele. Mi gafete decía "Asistente de información". Lo que hacía era redactar los guiones de los conductores de los programas (el señor Velasco, Gloria Calzada, Rebeca de Alba, Ilse, etcétera) y escribir las famosas tarjetas que mi jefe llevaba en la mano en *Siempre en domingo*. ¿Las recuerdan?

En las tarjetas teníamos que escribir datos recientes del artista y cositas de apoyo para el momento de la presentación. Ya saben "acaba de regresar de una exitosa gira por Centro y Sudamérica, su canción tal está en el número tres de popularidad, ha vendido tantos discos", etcétera. Así que parte de la semana se nos iba en investigar, todo para que el domingo el señor Velasco dijera, simplemente: "Recibamos a… ¡Mijares!", por ejemplo.

Para el lanzamiento del disco *20 años* escribí como tres tarjetas. "La incondicional" ocupó el primer lugar de popularidad en toda América latina. El video, dirigido por Pedro Torres, ha sido uno de los más vistos de la historia. "Fría como el viento" y "Separados" se quedaron en el *top ten* varias semanas.

Creo que fue de las últimas apariciones de Micky en un programa de tele. Hizo algunos con nosotros, y mucho tiempo después unos con Verónica Castro. Ese domingo había muchas fans en el foro y Luis Miguel estaba especialmente guapo. Recuerdo que, en un corte comercial, cuando entró la maquillista a retocarlo, el *floor manager* le preguntó a las fans: "¿Alguien quiere pasar a peinarlo?" Una voluntaria pasó al escenario, agarró el peine, lo acercó a la cabeza de Micky ¡y se desmayó! Al piso. Completita. Sin escalas.

Me impresionó tanto. Creo que ese día descubrí el "efecto Luis Miguel", el cual provoca que todas caigan (literal). ¡De verdad! Acuérdense de que hasta La Doña, que era imperturbable, se derritió cuando lo tuvo enfrente en el Auditorio Nacional. Ese día yo no estuve porque andaba no sé en dónde, pero mi hermana sí y su relato es una joya. Cuando le preguntaron a María Félix por el cantante contestó emocionadísima: "Me gusta mucho y lo quiero mucho. ¡Le dí un beso en la boca! Precioso. Es tan buen cantante y guapo."

Es que a Luis Miguel se le da muy bien besar a las señoras de la época de oro del cine mexicano. Elsa Aguirre, eterna rival de la Félix, también se llevó en la boca un cariñoso recuerdo de Micky (¡niño, no puedes andar besando a todas por la vida!).

Lo anterior tiene que ver con algo que siempre me preguntan: "¿Cómo es Luis Miguel?" Yo siempre contesto: "Te ve fijamente y te derrites." Digo, la boca también tiene lo suyo (¡treinta y tres mil votos!), pero los ojos y las manos son insuperables.

En 1990, ocho meses después del lanzamiento de *20 años*, en el programa le entregamos el Galardón a los Grandes de Siempre en Domingo. Un premio de nombre larguísimo que recibían los artistas más destacados del año. Micky lo recibió por haber vendido un millón de copias del álbum, igualando la marca del anterior *Un hombre busca una mujer*. Además por una gira apoteósica en Sudamérica y Estados Unidos con localidades agotadas en todos los conciertos.

También recibieron ese premio Chayanne, Ana Gabriel, Daniela Romo, Alejandra Guzmán, Gloria Trevi, José José, Lucero, Menudo, Lucía Méndez, Mijares, Roberto Carlos,

Ricardo Montaner, Timbiriche, Vicente Fernández y Yuri. Todos se abrazaban, se besaban, se elogiaban y lo que termine con *aban*. Fue una gran época.

Esa noche, después de recibir el premio, los cantantes tenían que ir a una entrevista para el programa especial en un escenario secreto. ¡Yo era la encargada de llevarlos por pasadizos y recovecos hasta el sótano del Premier! Caminaba delante de Micky —muy derechita en tacones—, concentrándome para no caerme y no hacer el ridículo frente al Sol y su guarura mediano que no lo dejaba ni un segundo.

"Es por aquí, hay que bajar, luego subir, el techo está bajito, aguas, agacha la cabeza, ya casi llegamos… ¡Aquí es!" Me convertí en una guía profesional, mientras él se moría de risa. De mí y conmigo. Es que ustedes no saben mis habilidades mostrando el sendero.

Cada vez que encaminaba a alguna mujer (ponle Yuri, Alejandra o Lucía) me hacían la misma pregunta: "¿Ya se fue Luis Miguel? Quiero verlo, ¿me llevas?" Yo tan inocente, no vi que podía haber cobrado por el *tour* y me habría forrado. Sólo llevé de contrabando a una… ¡y gratis! Me faltó visión empresarial ¡o un novio judío! Ése es un capítulo aparte.

EL MINI REDFORD

(NOS HIZO FALTA TIEMPO)

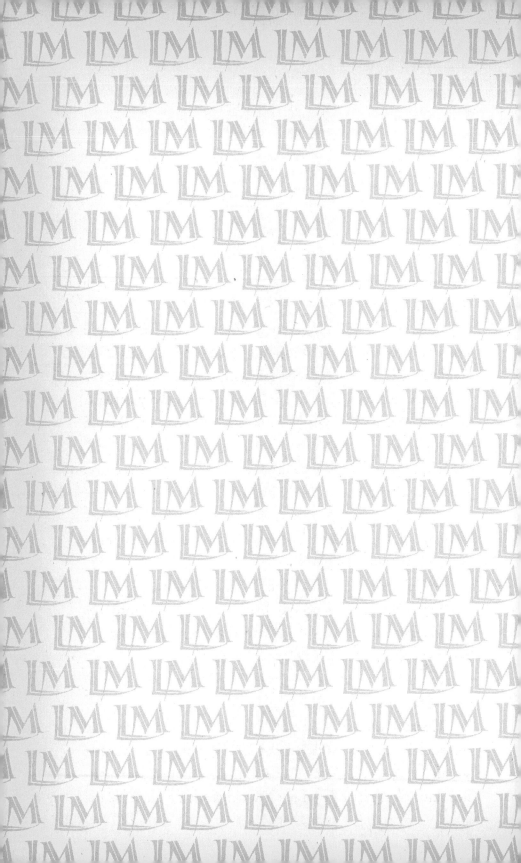

Creo que este es mi capítulo favorito porque ¡me encanta descubrir cosas!

No sé por dónde empezar. ¡Ya sé! Por el final. Empezaré por ahí. Entrevisté a Alejandra Guzmán justo cuando lanzó su álbum *Bye mamá*. Fue curioso porque era su primera entrevista, o eso me dijo. Entonces todo era nuevo y actuaba con desparpajo. Estábamos en la casa de Silvia Pinal en el Pedregal, en un estudio que daba al jardín. Ya sabrán, yo pensaba: "Qué maravilla, la casa de las películas. ¿Dónde estará el Diego Rivera? ¿Habrá venido Buñuel?"

A la mitad de la plática, escuchamos que llegó un coche (que me pareció elegantísimo) así que nos asomamos por la ventana, para saludar:

—¡Hola, ma! ¿Cómo les fue? —gritó Alejandra.

Doña Silvia contestó que bien, a secas, y fue entonces cuando Stephanie Salas se bajó del carrazo con cara de agobio, no se me olvida. ¡Uy, pero qué cara traía!

Sin más la Guzmán me dijo:

—Stephanie está embarazada…

Comprenderán que aquello me impresionó. ¡¿Por qué me sueltan así una noticia grande?! Supongo que porque soy una mujer con suerte. Aunque tuvieron que pasar algunos años para saber que Luis Miguel formaba parte de esa historia. De chiripa, pero una vez más, la vida me enrolló en sus asuntos.

Stephanie y Luis Miguel se conocieron por un amigo, cuando ella y Héctor Suárez Gomis conducían un programa medio galáctico llamado *Idolos del futuro* (usaban trajes espaciales y todo).

Pero lo que yo quería contar es que Luis Miguel, años antes de empezar a cantar en forma, no se separaba de sus amigos y tenía una imaginación desbordada para inventar travesuras. Vivía en San Jerónimo.

De haber sabido, hubiera estudiado periodismo ¡desde la primaria! Pa' seguirlo desde antes, como dice la canción "nos hizo falta tiempo" (para jugar juntos). Es lo malo de la infancia, pasa muy rápido. Y cuando te das cuenta, ya estás abriéndole un concierto a Menudo en Monterrey o cantando en San Remo. Yo qué sé.

Cuando era chico, Luis Miguel hacía reír a los otros niños con su acento boricua a veces revuelto con madrileño. Según la leyenda, como era malísimo para el futbol, el beisbol y esas cosas, mejor cantaba y tocaba la guitarra. Si le preguntaban: "¿Qué vas a ser de grande?", podía decir una lista, en la que no pintaba para nada ser cantante profesional. Lo suyo era irse a explorar al barranco o a un cerro que había frente a su casa. El lugar se llamaba "Las grietas" y ahí se perdía horas con sus amigos los fines de semana. Escalaba y exploraba, y al revés. Era muy entrón para trepar por las piedras y buscar parajes mágicos. Pero su especialidad era hacer bromas en las chimeneas de los vecinos (era todo un *Mi pobre angelito*).

Micky decía que se parecía a Robert Redford (ay, que maravilla). Digamos que era un mini Redford, preadolescente, aventurero, menos noviero y con mucha, pero mucha más voz.

Y aunque ya pintaba para guapo, las niñas no lo seguían tanto (yo creo que por eso luego se desquitó), sólo Vivianne y Julietita, sus primeras novias "registradas". (No sé si me hubiera gustado llamarme Julieta, porque seguramente me preguntarían ¿como la de Romeo? Y yo siempre he sido de poca paciencia, desde niña.)

Un día hubo epidemia de hepatitis en la cuadra donde vivía Luis Miguel y todos los niños empezaron a ponerse amarillos. Por eso, Marcela Basteri inyectó a sus hijos y a los chamaquitos más cercanos que la adoraban porque "era fabulosa, guapa y cocinaba delicioso". Ella era así. Italianísima.

Cuando Micky se volvió famoso, su familia se cambió de casa y algo que divertía mucho a sus amigos cuando iban de visita era encontrarse a personajes como Ricchie e Poveri en el comedor. ("¿Y éstos qué hacen aquí?") ¡Fin de mi capítulo favorito!

Posdata: Luis Miguel de niño no podía ver sangre porque se desmayaba.

Les dije que éste era un libro de pequeños detalles.

FRÍA COMO EL VIENTO

(AY, PEDRO)

Igual que Chuck Norris y Simon Bross, no importa cuántos premios y reconocimientos tenga alguien… Luis Miguel tiene más.

En el 88, "La incondicional" marcó un récord histórico en la radio latina y se mantuvo ¡siete meses! en primer lugar de todas las listas de popularidad. Aquí debo decir que la interpretación de "Tú, la misma de ayer, la incondicional, la que no espera nada. Tú la misma de ayer, la que no supe amar, no sé por qué", es una maravilla. ¡Pero el video era lo mejor!

Ver a Luis Miguel cortándose la emblemática melena, cantando súper galán, con el torso desnudo, vestido de soldado, brincando de un trampolín de diez metros, corriendo entre las minas, aventando granadas, arriba del *ring* y piloteando un avión, fue la locura. ¡Sobre todo porque al final la incondicional lo abandona! Qué daño nos hizo Pedro Torres en el tema del amor. Pedro: nos rompiste la ilusión.

En ese entonces era el rey de los comerciales, luego se convirtió en el mejor realizador de videoclips, mi "salvador" y esposo de Lucía Méndez (no exactamente en ese orden). Cada vez que el jefe de información me decía "te toca cubrir filmación de Pedro Torres", yo brincaba como Rigo (jaja, es verdad), aunque cuando llegaba al set, él casi siempre me recibía con un "amoroso": "¿Y ahora, en qué congal trabajas?", y se reía.

Ahí supe lo que me esperaba, pero yo moría de emoción porque eran mis primeros roces con gente de mundo. Además disfrutaba mucho las filmaciones y ver al director en el manejo de cámaras libres, que consistía básicamente en que Pedro se ponía la cámara al hombro y la zangoloteaba a diestra y siniestra.

Una vez había que probar la hoguera en la que quemarían a la Méndez en la telenovela *El extraño retorno de Diana Salazar*, en pleno centro de Zacatecas. Sólo escuché que MPT (Maldito Pedro Torres) gritó: "¿Dónde está Martha?" Sí, aún conservo mi foto como "modelo voluntaria".

Pedro ya había filmado "Cuando calienta el sol" cuando lo conocí, cosa que me pesó en el alma porque hubiera gozado ser *atestiguante* y pregonera del romance de Micky con Mariana Yazbek. Ella que me parece una chava única, fue la protagonista del primer video que hizo Torres, "Solo" de Emmanuel (donde se perdía entre los paraguas blancos y negros). Luego se convirtió en fotógrafa y bailaora de flamenco. Una cosa versátil.

Pero les iba a contar que, a partir de una intensa convivencia de tres días durante el rodaje de "La última luna" de Emmanuel —entre enanos, marcianas, mujeres sangrantes y gitanos—, me convertí en hincha y testigo del señor Torres. Y con eso de que ya había confianza, le pedía que me invitara a los videos de Luis Miguel, "por favor, ¿no?"

El rodaje de "Yo que no vivo sin ti", una de mis canciones favoritas, fue en una mansión de las Lomas de Chapultepec. Como ahí lo que sobraba era espacio, armaron todos los sets para ubicar a Micky en un cuarto de hotel, un *backstage*, un desfile de modas, una cama con piel de vaca (ya saben que soy de memoria detallista) y una sala.

—¿Para qué es tanto humo? —pregunté.

Y un hombre amable de producción me explicó:

—Para darle un toque irreal, como si el protagonista estuviera soñando.

Ah, mira, qué bonito. Lástima que, en la última escena, ¡otra vez lo abandonan! Ay, Pedro. Esa noche no saludé a Luis Miguel, pero me hubiera encantado consolarlo, ¡soy solidaria!

No recuerdo grandes cosas de la filmación de "Fría como el viento", en los estudios América, sólo que Luis Miguel se metía a su minicamerino cada vez que decían: "¡Corte!" y Mr. Torres comía y comía jitomates para no oxidarse y protegerse del cáncer. Eso me dijo, no crean que son suposiciones mías.

En el video danzaba una mujer, entre gasas, humo, músicos de fondo y ¡viento!, como el nombre de la canción lo indicaba. Aunque también podían haber rebautizado el tema y ponerle "Flaca como un palo", porque la modelo era delgadísima y llevaba una melena un poco de Amanda Miguel. (Y, por cierto, era novia de mi vecino —Roger—, a quien Yuri visitaba a deshoras y con mucha emoción. Por aportar datos…) Bueno, la filmación no era complicada porque Luis Miguel muy greñudo, *muy*, se sentaba en un banquito y la bailarina daba piruetas alrededor, alrededor, alrededor.

Juntos, Pedro Torres y Luis Miguel, se la han pasado increíble. Desde "Cuando calienta el sol" hasta "Que seas feliz". Cuando le pregunté si era complicado dirigirlo, soltó un: "Es lo máximo, sabe muy bien qué hacer. Hacer videos con Micky es lo más divertido del mundo."

Uno de sus favoritos es el de "Entrégate", que filmaron en Bariloche, porque jugaron todo el tiempo. Entre otras cosas a poner celoso al novio de la modelo (como todo en la vida, siempre se necesita un toque de maldad). Y en este video sí, al final… ¡él la abandona! después de que la entregada mujer "deja que su cuerpo se acostumbre a su calor."

—A ver, mi Pedro querido, ¿qué ha sido lo mejor de trabajar con Luis Miguel? —le pregunté hace muy pocas semanas.

—¡Que conozco todas las cocinas de todos los hoteles del
mundo! Siempre entramos por ahí…

UN HOMBRE BUSCA A UNA MUJER

(¡Y LE LLEVA SERENATA!)

El equipo de Raúl Velasco llevaba la organización –y el chisme– en la sangre. Producíamos grandes eventos con la mano en la cintura, porque había mucha experiencia: los certámenes de belleza, los festivales OTI, los Juguemos a Cantar y, lo más importante, los programas musicales semanales de televisión. Éramos como un grupo de chinos inventando cosas.

El Festival Acapulco 91 fue una cosa increíble. En una semana desfilaron en el puerto los mejores cantantes en español y uno que otro en lengua extranjera (o sea, lo que sea). Si me apuran, yo digo que la mejor actuación fue la del dominicano Juan Luis Guerra ¡todos bailamos "La Bilirrubina"! Por supuesto, Luis Miguel estuvo ahí y además hizo cosas insólitas. Es decir, en él eran raras, anormales e irregulares, para que quede clarito.

Una de las invitadas especiales al evento fue la princesa Estefanía de Mónaco, que canta horrible, pero está(ba) guapísima. Cuando llegó a Acapulco, un periodista le preguntó si conocía a Luis Miguel y ella respondió: "No" (o "Ne").

Cuando Luis Miguel se enteró, dijo algo parecido a: "Pues me vas a conocer", y ¡le llevó serenata con trío a la casa donde se hospedaba! Aunque cualquier otra mujer se hubiera puesto feliz con el detallazo, la princesita –que era una verdadera hija de su Grace– prefirió la compañía de Miguel Alemán Magnani, uno de los mejores amigos del cantante hasta el día de hoy.

Y aquí no pienso alegar, ni juzgar a la *little princess* (¿quién soy yo para andar juzgando por la vida?), porque me podía gastar varios renglones con una lista de las bondades y virtudes de Miguelito Alemán que es un tipazo.

Creo que hasta entonces nunca habían rechazado a Luis Miguel porque, de repente, se puso como sedita. (Como cuando los hombres se encaprichan, según lo que he leído en *Cosmopolitan*.) Empezó a portarse más encantador que nunca con el equipo de producción, y un buen día, justo cuando Estefanía se presentaría en el festival, se apareció en el camerino de Raúl Velasco. Así de la nada. Cuerpazo presente.

–¡Hola! ¿Cómo están?

Todos contestamos: "¡Bien...!", un poco con cara de *¿what?* Todos éramos Raúl Velasco, su hijo Arturo, Rebecca de Alba, ¡y yo! (la vida me pone y nunca me quito).

Con una gran sonrisa, Micky se propuso como "voluntario" para ser el anfitrión del día y entregarle la medalla correspondiente a Estefanía. Don Raúl aceptó encantado. No me lo van a creer, pero es la única vez en tantos años que he visto a Luis Miguel tomar una cucharada de su propio chocolate: los guardaespaldas reales –Mañón y Giordano– no lo dejaban entrar al camerino de la hija menor del Rainiero III. Por eso se refugió en el camerino de Velasco. Ahí platicó, se rió mucho y vio a algunos artistas en acción. Ah, que divertido fué. Cuando salió el grupo Garibaldi, por poner ejemplos, dijo que le gustaba Luisa Fernanda, "como para morderla". También confesó que una de sus canciones favoritas era "Todo mi corazón" de Yuri, ¿ya saben cuál? La de Ilan Chester: "Dime quién eres, cómo apareciste, qué buena mi suerte, eres diferente a los demás, he estado esperando ver el sol, quizá no comprendas cómo soy, pero tenlo por seguro que no voy a fallar, porque tengo el corazón que va a estallar... Todo mi corazón, todo mi corazón es para ti..." ¡La cantó y todo!

Creo que mi jefe era un Walter Mercado en potencia, o me leyó las negras intenciones de ir con el chisme, pero me echó una mirada amenazadora de "que nada salga de aquí, ¿eh?" Yo sonreí, bastante mustia, como diciendo: "Claro, cuente con eso", aunque en realidad lo que pensaba era: "¡Ya me quiero ir para publicarlo por ahí!" La cabra que siempre tira para el monte...

Sí, jefe querido –que está en los cielos– lo conté en un libro.

Así como me ven, soy de las que sabe identificar las oportunidades únicas. Sé perfecto qué tren no volverá a pasar por esta estación. Así que aproveché el buen humor de Micky y le pedí lo "impedible y prohibido": que se tomara una foto conmigo. Y soy tan decente que, aunque quería salir solita, invité a Rebeca a la foto (¡tengo la prueba! y la pueden ver más adelante). El fotógrafo fue Arturo Velasco y estuve a punto de matarlo porque por poquito tapaba a Luis Miguel con el dedote. Es lo bueno de las cámaras digitales modernas, que al instante sabes si el fotógrafo es listo o no y la puedes repetir. En el 91 todavía estábamos en la prehistoria fotográfica y tuve que esperar una semana para revelar el rollo (de mi camarita 35 mm, que ya está en el museo).

En plena foto yo sentía: "Ah, caray, ah, jijo, ¿Luis Miguel me está haciendo cosquillas? Wow, eso da *curriculum*. Hoy no duermo." No, qué va. Hacía juegos de manos con la güera a mis espaldas. ¡Véanles la cara por favor! De esos días que te sientes el jamón del sandwich.

Luego de la foto "emparedado", vimos la actuación de Cathy Dennis, la popera británica pelirroja de ojos verdes, mientras Micky bailaba *"hold me baby, drive me crazy, touch me, all night long".*

Al fin cantó Estefanía y Luis Miguel saltó al escenario a darle la bienvenida a México, en perfecto inglés aprendido en Los Ángeles. Y aprovechando la confusión de las costumbres europeas –que uno nunca sabe a ciencia cierta cuántos besos hay que dar al visitante– ¡le plantó 4 besos! Y se quedó muy a gusto.

Desde ese día, Luis Miguel no faltó a ninguna de las fiestas del festival, siempre iba con diferente acompañante. Un día lo vimos con unas amigas de Julio Iglesias (¿qué pasó muchachas?) y al día siguiente con quien viviría una larga historia, de la cual soy súper partidaria: Daisy Fuentes, una neoyorquina-cubana presentadora del canal de videos MTV y modelo.

¡Puf, qué guapa mujer! Llegó de *shorts*, tenis sin agujetas y gorra de beisbol puesta pa'tras. Acabó con el cuadro. Así estaba más guapa que todas.

Yo la conocí en el Baby'O. Venía sonrientísima de la mano del Sol (Daisy, no yo, es que sonó raro). Entraron en medio de un dispositivo "formación Diamante" para que no los molestaran. Había tanta gente que no se podía caminar, así que yo me quedé quietecita en un pasillo cuando la comitiva pasó por ahí como flotando. Yo, con la simpleza que me cargo, le grité: "¡Hola!" a Micky. Él me vio, dio media vuelta –con todo y séquito– y se regresó entre empujones a saludarme. Fue de esos besos que te saben a gloria. ¿Cómo no lo voy a querer? ¿Cómo no lo voy a andar siguiendo por el mundo?

Estuvieron juntos como cuatro días y cuando Daisy se regresó a Miami, Luis Miguel se quedó con Rebecca de Alba. Un día llegó al hotel Condesa en *shorts* y gorra, se bajó de un brinco de su convertible rojo y entró corriendo a visitar a la zacatecana. En lo que los curiosos se preguntaban: "¿Es Luis Miguel?", él ya estaba adentro. Como Flash Gordon.

Trabajar en *Siempre en domingo* era lo mejor del mundo, no existía oficina en México donde la información fluyera con tanta perfección, en todos los sentidos. Y con eso de que Micky era el "sobrino" de cariño de don Raúl y toda la producción, siempre sabíamos cosas. Nos enterábamos de casi todas sus andanzas. Por ejemplo, que entre sus giras en Nueva York, Chile y Colombia, se había apuntado para tomar un curso de buceo, en el parque marino de la tercera sección de Chapultepec. Eran lecciones con delfines, y Luis Miguel compartió la experiencia con una rubia desconocida, a la que le cocinaba saliendo de ahí. O que había organizado a toda su banda de amigos para ir al teatro a ver a Gonzalo Vega (su papá en *Ya nunca más*) en *La señora Presidenta*, pero no se pudo porque no había palcos donde pasar inadvertido.

Y cuando digo que en "Producciones Raúl Velasco" todos sabíamos cosas, también me refiero a los partes médicos:

—Pobre Micky, se puso grave.

—¿De?

—Un dolor de muelas espantoso. Que fue al dentista y saliendo de ahí, como si nada, cantó creo que en Aguascalientes.

A veces como en toda oficina que se respete, los chismes subían de tono:

—¡Yuri le regaló a Micky un reloj de diamantes, de cumpleaños…!

—¿Por?

—Es que anduvieron… ¡súper discretos! Ahora sólo son súper cuates.

La calidad de las noticias era directamente proporcional a quien las contaba. Y en esa oficina había de todo. Debo confesar que yo también conseguía información para darle "los buenos días" a mis compañeros.

Una mañana les conté que Micky fue a ver el *show* de Ana Gabriel en el Premier, de incógnito. Era cuando la sinaloense presumía que él le había pedido un tema para su próximo disco. "Yo estaba ahí, tranquilamente —acompañando a mi marido para que no se quejara de tener una esposa insolidaria— cuando de repente vi a Luis Miguel entrar muy sigiloso y treparse a la cabina de iluminación —por la escalerilla— para no ser descubierto. Al final, huyó por la salida de emergencia…"

Después de mi aportación al "banco de datos laboral", sólo escuché que alguien en la oficina dijo "a ésa hay que subirle el sueldo".

Un artista como Luis Miguel nace cada cien años. Estoy convencida. Ya me contarán (mediante un médium) los que lleguen al futuro, si me equivoqué o no. No es común que habiten en un solo cuerpo una voz increíble, un éxito que dure treinta años, una galanura a prueba de balas, un misterio y un poder invisible que hace que todo lo que tocan sus enormes manos se convierta en oro.

Si les suena exagerado, habría que revisar las cuentas bancarias de los compositores antes y después de que Luis Miguel interprete sus canciones. O también podrían analizar la vida de las ex parejas del cantante para comprobar que con él suben de categoría (mediática, al menos), y sin él dan el bajón más absoluto.

Los honorarios de los fotógrafos cuando Luis Miguel se cruza en su camino… Digamos que, en general, una foto suya es la más cotizada en el mercado. O las ventas de una revista al conjuro de su imagen en la portada. Agencias de fotógrafos han dejado de funcionar o han ampliado operaciones dependiendo de las apariciones del cantante.

El día que nació Luis Miguel no pasó nada relevante a nivel planetario. Tampoco hay milagros registrados. Ni siquiera murió alguien importante. Ya ven que dicen que cuando Dios nos quita a un pez gordo, nos envía otro. Nada. Todo fue normalito. Ahora sí, ya hemos marcado su cumpleaños en el calendario musical como fecha gloriosa.

Aparte de su poder de atracción y de una de las mejores voces del mundo, sus silencios lo han convertido en un personaje fascinante y cotizado. Un hombre que enamora a casi todos.

Y como muestra, cuento la historia de una conocida que quiso ligarse a un barcelonés idéntico a George Clooney. Impactante. Todo iba de maravilla, pero cuando ella juró que se le declararía, el elegante hombre de mundo le dijo: "Lo que más me gusta de México es... ¡Luis Miguel! ¡Qué tío! ¡No puedo con sus zapatos y sus trajes, wow!"

Desde que me "ofrecí" para certificar paso a paso la carrera del Sol, he visto variadito. Desde mujeres capaces de hacer el ridículo más grande por una miradita suya, hasta hombres que no le perdonan que se haya casado con Lucero en una película, o personas que lo alucinan porque su novia –esposa, madre o hermana– se desvive por él.

Los conciertos de Luis Miguel parecen desfile de modas, porque las asistentes se arreglan más que para una cita de amor, como si esa noche, él las fuera a descubrir entre la multitud y les pidiera su mano, ante diez mil personas. ("Quiero estar guapísima para cuando me diga 'cásate conmigo'.")

Cada movimiento, cada mirada y cada brinco del cantante duplica el amor de unos y el odio de otros. Aman tocar su mano y guardar cualquier fluido. Odian que paralice Paseo de la Reforma cada temporada de conciertos. Lo aman-odian por seguir interpretando canciones igualitas durante tres décadas. Lo aborrecen-quieren por tener dos hijos con Aracely Arámbula. Lo admiran-critican por tener tantas mujeres. Le aplauden que todo mundo *sepa* todos los detalles de su vida, aunque él nunca los haya ventilado. Les emociona-aburre que sea inalcanzable. Tachan-alaban que sea inaccesible. Los señores envidian su bronceado y la cantidad de pelo. Las mujeres sueñan con su mirada y sonrisa. Le agradecen-reclaman que los obligue a saber la letra de los boleros de hace mil años… Y así, lo que me digan.

Mi alegata personal es que nadie canta como Luis Miguel, y eso es… ¡brillante!

Un dato importante: *Romance* es el disco latino más vendido en la historia de la música. Algo así como el *Thriller* de Michael Jackson a quien Luis Miguel conoció en Los Ángeles, y hace no mucho (bueno, más de tres años) se reencontraron en un viaje a Australia. Dos que perdieron la capacidad de caminar entre la gente, Luis Miguel y Michael Jackson, y cuyas historias están ligadas por… ¡un *cover*!

"Noche, playa, lluvia… será que no me amas" o *"Sunshine, moonlight, goodtimes… mmmm boogie".*

Era una gala altruista. La charla entre el Rey del pop y *The king of pop* fue larga, mientras los hijos de Jackson –Prince Michael Joseph, Paris Michael Katherine y Prince Michael II, alias "Blanket"– revoloteaban alrededor. Miguelito no estaba.

No supe exactamente qué platicaron, pero si yo fuera ellos tendría mucho tema: que si Luisito Rey, que sin don Joseph. Que si su adolescencia fue entre muy complicada y tres cuartos… ¡Las cosas hay que hablarlas cuando te identificas!

También pudieron tener una charla emotiva y compartir cosas de la infancia. De cuando eran niños súper dotados musicalmente. Hay dos anécdotas infantiles suyas que amo. Que Luis Miguel decía siempre: "Canto para arriba, mirando a Dios" y que Michel Jackson bailaba al ritmo de la lavadora. ¿No es precioso?

En 2001, Michael invitó a Micky a participar en la grabación de "Todo para ti" (la versión en español de "*What more*

I can give"), una canción compuesta por Jackson, que pretendía lanzar después de los atentados terroristas del 11 de septiembre, para apoyar a los familiares de las víctimas. Aunque el tema es buenísimo, la venta fue cancelada por problemas entre Michael Jackson y Sony Music. Luis Miguel cantó junto a Michael, Celine Dion, Ricky Martin, Gloria Estefan, Juan Gabriel, Julio Iglesias, Usher, Shakira, Alejandro Sanz, Laura Pausini, Cristian Castro, Thalia, Olga Tañón, Santana, Mariah Carey y Rubén Blades. Ah, y la portada del disco fue hecha por el brasileño Romero Britto (que, por cierto, un tiempo fue vecino de Cristian Castro en el Midtown de Miami).

La vida es dispersa ¡y yo más! Pero como les iba diciendo, *Romance* lo compró todo el mundo. Hasta los anti Luis Miguel. Dicen, dicen, que ése fue uno de los discos que encontraron los soldados norteamericanos cuando arrestaron a Saddam Hussein. Micky sonando en el escondite del malo más malo en Adwar, a quince kilómetros de Tikrit… Puede que eso se lo estén inventando. Pero como anécdota ¡me encanta! Tiene su punto.

CUANDO CALIENTA EL SOL

O LA NOCHE DE MIAMI

Medianoche. De pronto, Luis Miguel y yo parados en un pasillo de hotel. Nos miramos por un segundo, como los que están a punto de batirse a duelo, o de cerrar un pacto con la mirada… *Oh, what a night!*

Luis Miguel se ha reconciliado con Miami. Pero antes, Micky y la ciudad del sol eran incompatibles. Creo que lo único que los unía era el famoso restaurante *Joe's Stone Crab*, y Daisy Fuentes, quien solía vivir ahí gran parte del tiempo.

No le gustaba Miami, porque decía que los paparazzi no lo dejaban en paz. ¡Qué razón tenía! Es más, debo confesar que… una vez… perseguí su limo. Ésta es la historia.

Hace algunos años, en un momento de lucidez que tuve, se me ocurrió inventar que deberíamos salir al extranjero a buscar imágenes para nuestro programa de televisión. Y cuando digo "nuestro programa" me refiero a *En medio del espectáculo* que conducía mi ex querida, ex admirada, ex amiga y ex todo, Pati Chapoy. Era la época en que las compañías de discos daban fotografías de sus artistas exclusivos para usarlas como imagen, cuando se hablaba de ellos en el programa. Se tardaron muchos meses en entender que aquello no era una revista de papel ni un periódico, sino televisión. Eran los días del veto a quien colaborara de alguna u otra manera con TVAzteca, empresa donde yo "solía prestar mis servicios".

Estaba hasta el copete de las fotos y de hacer programas especiales con los mismos quince minutos de imágenes (¡cuánto jugo le exprimimos a ese *stock*!). Así que dije con dramatismo: "O vamos, o nos hundimos."

Como yo veía que mi amigo el Gordo de Molina se topaba con todos los famosos por allá y, sobre todo, se encontraba a cada rato a Luis Miguel, dije: "Vamos todos a Miami." Además ¡día de suerte!, Luis Miguel se presentaría esa semana, el 13 de octubre de 1995 en el JLKC en pleno Downtown.

Lo primero fue investigar dónde se hospedaría el cantante, para llegar al mismo hotel. ¿Cómo de que no? Cuando llegamos al hotelazo en Coconut Grove y atravesamos el elegantísimo *lobby* pensé: "Éste será un buen viaje." Y aunque el entorno invitaba al buen gusto, nosotros sacamos ahí en pleno escritorio de recepción, de caoba finísimo, nuestros centavos para pagar el cuarto porque no teníamos tarjeta de crédito (que pena con Godínez).

Ya instalados, fuimos a buscar aventuras. Perdón, con "fuimos" me refiero a Guillermo Wilkins y al camarógrafo, "El Negro" Gonzalo. Hicimos muchas cosas en ese viaje. Un reportaje sobre la Isla de las Estrellas, donde el guía mostraba las casas de Xuxa, Gloria Estefan y Al Capone; tiempo después también se incluyeron las de Thalía, Paulina Rubio, Ricky Martin y Shakira. Entrevistamos a Edith Serrano, joven promesa mexicana en MTV y pareja entonces del restaurantero leyenda de Miami Beach, Shareef Malnik propietario de *The Forge*, entre cuyos clientes habituales ha incluído (por tiempos, claro) a Richard Burton y Elizabeth Taylor, Desi Arnaz, el ex presidente Richard Nixon, Brian DePalma, Michael Jackson, Madonna, Al Pacino, Bill Clinton y Mijail Gorbachov.

No saben qué personaje es el señor Malnik. Ha corrido toros en Pamplona, ha buceado con tiburones, ha escalado cascadas de hielo; es piloto de helicóptero, corredor de autos y botes, maratonista, practica ju jitsu y una vez recibió el premio Heroic Action Award, del jefe de la policía en Miami, por ayudar a salvarle la vida a un hombre.

La verdad es que la noche que cenamos ahí sólo estaban Steve Bauer, un actor cubano que salió en *Scarface* y que fue marido de Melanie Griffith, y la cantante canadiense K. D. Lang, que ese año presentó el disco *All you can eat* y salió del clóset públicamente (digo, por aportar datos).

Pero, ¿en qué íbamos? Ah, sí, en nuestra búsqueda de celebridades para el programa. También entrevisté a uno de mis ídolos, el argentino Jorge Porcel, ¿lo recuerdan? ¡Sí, el de las gatitas! ¡El carnicero y la Tota! Lo mío eran carcajadas con su programa *A la cama con Porcel*, que fue lo más divertido del mundo. Un *sketch*, cuando el señor carnicero le narra a la niña el cuento de Pinocho, es lo máximo: "Había una vez un señor que se llamaba Gepetto y en los ratos libres serruchaba y serruchaba y serruchaba... entonces con los pedacitos de madera que le quedaron, porque era carpintero, hizo un muñeco que se llamaba Pinocho, con un cacho de nariz..." Yo era fan de la Tota, una vecina de barrio gordísima, que cuando se subía a la báscula, la bascula decía: "Por favor, súbanse de uno por uno..." (jajaja). Lástima que cuando conocí a Jorge Porcel ya era pastor de cristianismo evangélico y no me hizo ni gracia. Bueno, al menos me invitó a cenar a su restaurante *A la pasta con Porcel*, en Collins Avenue. Nunca llegó, pero, ah, qué rico cenamos.

¡Volvamos con Luis Miguel!

Luego del momento Porcel, regresamos un rato al hotelísimo a preparemos para el concierto. En la entrada nos encontramos a Alejandro Basteri, hermano de Luis Miguel. Yo cordialmente le dije: "¡Hola!, ¿cómo estás?" y él me regresó un *hola* medio accidentado. No era un *hola* de corridito, sino un ho-la, como cortado y dudoso.

Cuando nos subimos al elevador, él fue con nosotros. Yo pensé: "Mira, el cuñado de México quiere convivir con la prensa. ¡Qué raro!..." Pero cuando el ascensor se detuvo y bajé en mi piso preguntó: "¿Te bajas aquí?" "Sí, estoy en este piso. *Bye*", yo tan tranquila.

Cuando entré a la habitación sonó el teléfono y era el gerente del hotel para "saludarme". Yo dije: "Ay, pero qué amable es la gente de Miami." Hasta que me soltó: "Señora Figueroa, necesito pedirle que se cambie de habitación. Es que hay un huésped que necesita privacidad." Yo con la candidez e inocencia que a veces mantengo, pese a los años, le contesté: "¡No!, me gusta este cuarto (¡de verdad era hermoso!), además no tengo tiempo de mudanzas, ya me voy al concierto de Luis Miguel", y colgué.

En ese entonces, el mánager del ídolo era Mauricio Abaroa, a quien yo le perdonaría cualquier cosa por un abrazo que me dio en el funeral de un amigo en común y por impulsar —años después— la carrera de Gianmarco. Cuando íbamos rumbo al concierto comprendí la llamada del hotel. Antes era lenta, pero con los años me he agilizado: ¡Luis Miguel era mi vecino de piso! y su hermano dio el pitazo para que me alejaran de ahí. Lo veía tan claro.

Para entrar al James L. Knight Center tuvimos que entregar el "tape" y jurar por lo más sagrado ante las autoridades correspondientes que nos portaríamos bien en el concierto y no grabaríamos ni media imagen. Nos pedían dejar la cámara en el guardarropa, pero el camarógrafo contestó que "primero muerto". Y eso de andar con cádaveres a mí no me agrada.

¡Qué lástima que no grabamos nada!, porque el concierto fue irreal. Luis Miguel estaba en uno de sus mejores momentos y yo tratando de capturar algo con una camarita de rollo con veinticuatro exposiciones que levantaba, disparaba y guardaba para que no me la quitaran (en ese orden, aunque de repente me hacía bolas con los nervios y la guardaba y luego disparaba, jaja), porque también estaban prohibidas las fotos. Lo decía claramente el *ticket*: "*No camera/recorder/smoking.*"

Uno de los mejores momentos del concierto fue cuando Micky cantó "Suave" (le hice unos coros increíbles). Era la época de "Si nos dejan" del álbum *El concierto*. Al salir, con la euforia de: "¡Micky es el mejor! ¡No hay nadie como él! ¡Viva Luis Miguel!" que me entró, se nos ocurrió la genial idea de seguirlo en plan *paparazzi* para conseguir imágenes de *stock* para el programa. Y allá fuimos.

Guillermo al volante, el camarógrafo de copiloto, y yo, en el asiento trasero gritando como posesa: "Para allá, písale, se nos van, más rápido, ¡qué risa!" y otras perlas. Cuando salió la limo blanca de Micky iniciamos la persecución en pleno Downtown, que es medio enredado y si te equivocas, tomas el *express way* que te lleva pa'otro lado, o pa'la playa o pa'l aeropuerto. Y nosotros íbamos para el hotel, según nuestras videncias y conclusiones: "Un artista primero se baña y luego se va a cenar."

¿Han visto cuando alguien dice en las películas "¡Siga a ese auto!"? Pues así. Cuando eso ocurre te da mucho estrés, sobre todo en los semáforos, porque siempre el auto al que persigues alcanza a pasar el alto y tú no. Típico que el que tiene más prisa tiene que esperar hasta la próxima luz en verde (como dijo Luis Miguel: "Luz verde para amar a gran velocidad, con sentimiento..."). Sentimiento es el que nos dio unas calles más tarde, porque nos pasó de todo. Eso sí, nos salvamos del temible puente que se eleva en plena Calle 8 para que pasen los barcos grandes y te deja atorado al principio de la avenida Brickell. ¡Qué hermoso es cuando la suerte te acompaña! No terminé de agradecerle al universo, cuando…

—¡Noooooooo! ¿Qué haceeeeeees? —le grité desgarradoramente a Memo.

No me lo van a creer, la limo dobló a la derecha y nosotros, nosotros… ¡a la izquierda!

—¡Perdón, no sé qué me pasó, me apaniqué! —me contestó más blanco que unas medias de enfermera. No te preocupes, ahorita lo encontramos.

En eso el camarógrafo gritó: "¡Allá van!" y retomamos la persecución, orgullosos de nuestro logro y conmovidos de que la vida nos diera una segunda oportunidad. Es en serio, sí nos conmovimos.

Muy cerca del hotel, la limo se detuvo en una esquina, ¡y se bajaron puros negritos! Micky estaba muy bronceado, pero definitivamente no era unos de esos. O sea que, ¡qué segunda oportunidad ni qué ocho cuartos!

Después de gritarnos de todo entre todos —o "lo que viene siendo una batalla campal en forma"—, nos fuimos derrotados al hotel. El camarógrafo se fue a su habitación y Guillermo y yo, a la mía. Básicamente, para diseñar la estrategia del día siguiente y rezar un poco a ver si lográbamos algo, ¡lo que fuera!, de Luis Miguel.

Después de reírnos un rato de nuestra maldita y perra suerte, empecé a escuchar voces (¡literal!) y, para nuestra sorpresa, no era cualquier voz. Era la voz que tantos años me había acompañado. La voz de… ¡Luis Miguel!

Pues, cual "Tota y Porota" corrimos a la puerta para ver por el ojillo y, efectivamente, ahí estaba el mejor cantante latino del universo saliendo de su habitación, ubicada… exactamente… ni un centímetro más, ni un centímetro menos… ¡frente a la mía! F-r-e-n-t-e-a-l-a-m-í-a-.

¿Cómo se le dice a eso? ¿Regalo divino? Y con esa sangre fría que a veces me entra, abrí la puerta y le sonreí a Micky, que estaba como dicen los cubanos "más bueno que levantarse tarde". Perdón que me fije en cosas sin importancia –sé que es de muy mal gusto tener pensamientos obscenos en horas de trabajo–, pero nunca lo he visto más guapo en toda la vida: *shorts* pegaditos y playera negra. Despeinadillo. Piel perfecta. Protuberancias.

¡Se veía tan *sexy* enojado! En plena alegata romántica con Daisy Fuentes.

Y nosotros, parados ahí, testigos oculares, dizque despidiéndonos:

—Ok compañero, nos vemos mañana.

—Ok, que descanses.

—Ok, tú también.

Dios sabe qué momento tan tenso fue ese. La guapérrima cubana se enfiló hacia el elevador y Luis Miguel fue detrás de ella. Tan príncipe azul, tan romántico, tan perfecto. Diciendo lo que se dicen los enamorados durante las peleas. Ya saben.

A nosotros nos entró la risilla, el pánico y las ganas de gritar. Así que nos metimos al cuarto para hacer catarsis y también para darle un poco de privacidad a la pareja. ¡Somos personas con educación! Ya adentro, pegados a la mirilla, vimos cómo Luis Miguel regresó solo a su cuarto y llamó al guardaespaldas que salió –demasiado tarde– de la habitación de junto. ¡Mis vecinos!

Y nosotros…

—¿¿¿Viste???

—¿Viste tú?

—¿Qué onda?

—¡No lo puedo creer!

—Nadie nos la va a creer carajo, ¡sin imágenes!

—Jaja, ¿qué fue eso?

—¡Guau, es un cuero!

—No, ella está impresionante. ¡Está guapísima!

—¡Qué pelea! ¡Qué súpermega nota!

Para qué les digo que no, si sí. Eso pasó. Y deténganse fans queridas, no me acusen con Luis Miguel. Él lo sabe, pues nos miramos por un segundo, como los que están a punto de batirse a duelo, o de cerrar un pacto con la mirada. Yo hubiera querido decirle: "Hola, Micky. ¡Eres el Rey! ¡Qué concierto!" Y cosas muy bonitas que siempre se me ocurren para demostrar mi admiración. Pero, no era el momento. Me sentía como si hubiera sido testigo de cuando Romeo y Julieta se toman la pócima o algo así.

Cuando Memo se fue, me tenían que haber visto recargada detrás la puerta, cual escopeta. Según yo, me quería quedar toda la noche en vela, esperando novedades. Debo confesar que estuve a punto de atrancar la puerta con el ropero para que no pudieran venir a sacarme a media noche. A partir de ese momento, temí que me expulsaran violentamente del hotel y del corazón de Luis Miguel… Así que me abracé a mi *heavenly bed*, que era deliciosa, y después de tanto ajetreo y emociones fuertes en un solo día, caí muerta.

Esa noche llegué a la conclusión de que mire para donde mire, siempre encuentro a Luis Miguel. Y que la vida está llena de casualidades venturosas. Uno nunca sabe cuándo el universo te va a mandar lecciones.

Al despertar, nos desaparecimos todo el día para que no nos echaran bronca, y el domingo dejamos el hotel para volver a México. Antes de irnos, todavía deslicé por debajo de la puerta de la habitación de Luis Miguel un sobre que me había entregado Pati Chapoy para él, muy confidencial.

No sé si era ántrax, cianuro o una carta llena de bendiciones. Creo que le solicitaba una entrevista y se disculpaba por un programa especial que habíamos hecho con imágenes que a él no le gustaba ver en televisión.

Me sentí como el cazador de Blancanieves. Si regresaba a México con el sobre, la bruja malvada, perdón, mi jefa me mataría sin piedad. Claro, siempre cabía la posibilidad de quemar la carta y jurarle que la había entregado a su destinatario. Rumbo al aeropuerto, en esos puentes rodeados de mar, yo pensaba: "Ay que ver, qué bonito es Miami."

Así se llamaría un *show* muy exitoso que algún día planeamos juntos Raúl de Molina y esta joven promesa de la literatura *light*. En realidad, Raúl quería titularlo "El Gordo y la Víbora", pero yo prefería que hiciéramos alusión a mis desórdenes alimenticios, me parecía más decoroso.

Cada quien tiene sus ídolos y mi admiración por el *paparazzo* empezó el día que pescó a Luis Miguel y Daisy Fuentes en una playa de Miami Beach. Por varias razones; primero porque por esos días era imposible atrapar al cantante y luego porque, como reportera, morí de envidia (espero que aprecien mi sinceridad, perdón Micky, pero sí fue muy bueno).

Cuando vi las imágenes en *Hard copy* pensé "¡Nunca podré hacer un reportaje tan perfecto!" Micky diciendo a la cámara: "Somos amigos... los amigos no se casan... he estado buceando y ahorita me meteré en mi cuarto y no saldré nunca...", era una joya periodística. Por eso, el día que Luis Miguel vetó al Gordo, yo ¡lo adopté! A partir de entonces nos hicimos buenos amigos. Yo dije: "En lugar de tomarme otro curso de reporteo televisivo, aprendo lecciones del *sensei*." Un *sensei* muy gordo y hasta extraño, pero divertido.

Yo lo invitaba a los toros cuando venía a México, él me llevaba a comer en Miami y juntos hacíamos "prácticas de campo". La verdad es que nos dábamos cuerda mutuamente, incluso en la manera sutil de alimentarnos. La última vez almorzamos un ligerísimo pescado que nadaba en alioli y un tiramisú gigante. ¡Lo que es una dieta mediterránea!

Por ejemplo, una vez nos colamos en la casa que Lucía Méndez había abandonado en Key Bicayne y grabamos cosas para *Ventaneando*. Me acuerdo que la Méndez estaba tan enojada por el reportaje que amenazó con demandarme, dijo algo así como: "La pobrecita —o sea, yo— es tan tonta e inexperta —yo, otra vez— que no sabe que hacer eso es un delito. La voy a mandar a la corte en Estados Unidos. ¡Debería aprender del Gordo de Molina!" Y yo, sinceramente, no quise romperle la ilusión y decirle que el Gordo —en persona— era mi cómplice y estaba estacionado frente a su casa, doblado de risa, mientras yo hacía un trabajo periodístico estupendo.

Otro día, espiamos a Paulina Rubio desde el departamento del Gordo, que era su vecino en el edificio Palace de la avenida Brickell. El depa del gordito era fantástico, estaba al ras del mar. Su cama tenía una base de piedra —por obvias razones— y en el baño tenía focos rojos enormes para secarse saliendo de la regadera. Yo creo que eso era puro cuento, pero bueno.

Una vez, después de nuestras clases de "acoso al famoso", me llevó al aeropuerto en medio de una tormenta y me preguntó con cara de terror: "Oye, Martika, ¿tú estás segura de que te vas a montar al avión así? ¿Y aterrizar de noche en el D. F.? Martika, ¡tú te quieres morir!"

Todo esto se los digo para que entren en situación, porque un día Raúl y yo unimos talentos y kilos para buscar a Luis Miguel en su nueva casa de Acapulco. Bueno, concretamente íbamos a buscar a Daisy, porque teníamos información de que estaba de visita.

Raúl estaba hospedado en Las Brisas, así que la operación "Vamos por Daisy" se llevó a cabo a bordo de un *jeep* con flores rosas. ¡Nos veíamos divinos! Todavía me pregunto ¿cómo cupimos? Todo el camino me repetía los pasos a seguir, como si fuera una estrategia militar o como si yo estuviera tonta.

—Vamos a intentar por la playa y por el frente.

Y allá vamos. La mansión playera de Luis Miguel parecía fortaleza por delante, pero estaba encuerada por detrás. Sobre la carretera hay portones enormes y una torre como de castillo del siglo XV (no pienso contratar a ese arquitecto), donde un guardia vigila desde las alturas sin ser visto. La barda no es tan alta, pero hay luz infrarroja que detecta cualquier movimiento extraño o ajeno. Ah, y la casa cuenta con diez elementos de seguridad, que se desplazan en cuatrimotos. Todo eso repasamos antes de dar "el golpe".

Ay, si nos hubieran visto. Éramos una especie de Catherine Zeta-Jones y Sean Connery en *La trampa*, pero tantito más entraditos en carnes. En un momento dado, yo cambié de auto y me fui con un camarógrafo en el segundo vehículo, para grabar al Gordo grabando. O sea, hacíamos una especie de "detrás de...", un *"Behind the..."*, producción bipartita de primer mundo.

Ni habíamos llegado cuando salieron los guardias motorizados hasta la carretera a perseguirnos y advertirnos que estaba prohibido grabar. No crean que nos presintieron, eh. Lo que pasa es que antes fuimos a buscar a Daisy a la casa de Luis Miguel en Las Brisas y se ve que la comunicación interempleados fluía perfectamente. O sea, les dieron el pitazo y nos estaban esperando.

Raúl les alegaba que "el camino no era de Luis Miguel, que era propiedad pública", lo cual me pareció una explicación muy acertada. Por lo demás, aplaudo el profesionalismo de los guardias y confieso que me encantó que estuvieran uniformados con camisas tipo Polo con el signo de Aries bordado. "Hasta para eso es elegante Micky —pensé—, se fija en los pequeños detalles…"

Como no somos de las personas que se frenan a la primera, y estábamos en un momento descarado de la vida, nos estacionamos en plena casa. Ahí el Gordo se bajó, se asomó por una rendija y preguntó decentísimo: "¿Está Luis Miguel? ¿Se encuentra Daisy?"

Ellos, poco elocuentes, sólo decían: "Por favor, retírense, no podemos dar información." Luego intentamos por la playa y tampoco. Eso sí, aún desde afuera pudimos apreciar el casonón recién terminado. Una construcción redonda de tres pisos más el mirador, con ventanales por doquier y grandes palapas. Mi parte favorita es la de la alberca rectangular con vista a la playa desierta. Un lugarzazo.

Los únicos que fueron amistosos con nosotros fueron unos lugareños que nos informaron en plan voceros que Luis Miguel no se encontraba en el Puerto y que si queríamos estar cerca de él y espiarlo veinticuatro horas, siete días de la semana, treinta días del mes, trescientos sesenta y cinco días del año, podíamos comprar el terreno vecino que estaba en venta, en aproximadamente un millón de dólares. Que no era muy grande, pero que seguro algo podríamos construir ahí.

¿Construir algo? A mí lo que se me ocurrió fue ¡un observatorio!, para dominar sus movimientos por cielo, por tierra y por mar. Era una idea buenísima, pero se nos adelantaron y construyeron como quinientos departamentos. Así que Micky decidió mudarse para siempre y abandonó la casa.

El tiempo —y las inmobiliarias insaciables— han borrado esa era. En la que visitar el hogar de Luis Miguel en Acapulco era un asunto obligado. Como quien acude a Graceland, aunque sin *tickets* de setenta dólares, ni visitas guiadas por los sitios en los que respiró el ídolo.

Ahora el paraje solitario es –dieciséis años después– un hervidero de gente, motos y caballos. Extraña combinación.

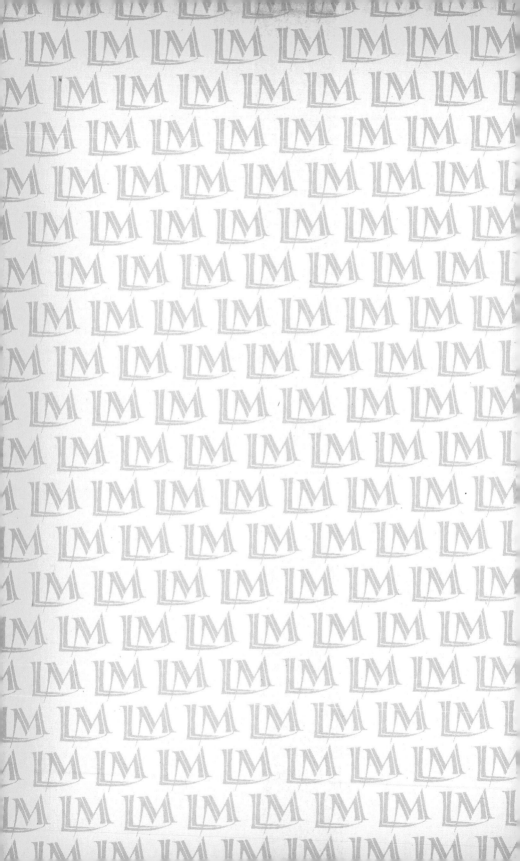

LAS INCONDICIONALES

Comida de altura, vueltas cerca del cielo y canciones de Luis Miguel. Así entré al mundo incomprendido de las fans. ¡Las fans! ¡Las fans!… Ya lo decían en la película *Almost famous*: los fans son esos seres humanos que "aman tanto al artista o a su música, que les duele". Las fans de Luis Miguel son las más leales de todas. Son únicas en su género.

Mi primer encuentro con ellas fue para cenar en el restaurante más alto de la ciudad. Viernes por la noche. Cielo despejado. Piso 45… ¡giratorio! Así que la noche prometía. Pero, sinceramente, nunca imaginé que sería como una aventura de *Sex and the City*, pero en lugar de cuatro mujeres ¡eran nueve! y compartían al mismo hombre: Micky.

Aunque no soy una gran experta en temas panorámicos, puedo decir que la vista de 360 grados es la mejor de México. Y el lugar —que si lo buscas en el libro de Récords Guinness aparece como "El restaurante giratorio más grande del mundo"— es uno de los predilectos de las seguidoras de Luis Miguel porque ahí actúa un pianista que domina todo su repertorio.

Cada vez que aparecen las fans, el señor músico aprovecha para tocar "Por debajo de la mesa", "Inolvidable", "No sé tú", "La gloria eres tú", "Delirio", o la que más les guste. Ellas se lo agradecen con aplausos y porras.

El Sol, el Rey, la ilusión, la esperanza, el amor, la entrega, la nostalgia, la pasión, su ídolo, su estrella. Eso y más es Luis Miguel para sus fans. Gracias a él han logrado divertirse, soñar, viajar y hacer amistades a la distancia unidas por la misma emoción. No importa si viven en España, Chile, Argentina, Israel, Alemania, Perú, México, Estados Unidos, Brasil, Italia o Venezuela. Sus vidas se cruzan y caminan juntas hacia aquel sitio llamado Luis Miguel. Las de acá van para allá ("rompiendo el cochinito para pagar"), las de allá viajan para acá ("dejando hijos y marido a la deriva por un rato") y saborean juntas aventuras y desventuras. ¡Qué bonito!

Estábamos en el restaurante con el pianista y la vista privilegiada. Digamos que la reunión disfrazada de cena era una asamblea informativa de resultados y próximas metas, porque las mujeres discutían las noticias de la gira de Luis Miguel por Norteamérica, contaban sus peripecias en San Antonio y ultimaban la estrategia para verlo *one more time* en concierto, unas en San Diego y otras en Las Vegas.

Ahora lo veo claro, sólo una fan entiende a otra fan. Qué logística. Qué organizadas. Qué fieles. Qué divertidas.

Son muy pocas las que conocen personalmente a Luis Miguel, todas sueñan con eso. Las que lo han tenido enfrente ahora lo admiran más y aunque en algunas baja la histeria, crece el cariño fraternal… ¡como si fueran familia!

Se podrán imaginar la cara de esta escritora cuando empezó la plática. Fueron de esos momentos en que piensas: "¡Ah, pero qué aburrida soy!", porque ellas –de todas las edades y diferentes ocupaciones– sí sabían cómo pasarla bien en la vida. Y lo anterior incluía, por supuesto, seguir los pasos de Luis Miguel.

Martha, la maestra, y Jessy, la editora de revistas, nos contaron con lujo de detalles su exitoso viaje a San Antonio, donde cualquier sacrificio valió la pena (por ejemplo, irse de *shopping* y gastar como si no hubiera un mañana), porque su artista favorito les regaló una rosa blanca mientras cantaba en el AT&T Center: "Yo te necesito como el aire que respiro, como huella en el camino, como arena al coral, te necesito… como el cielo a las estrellas y el invierno al frío."

Además de los pleitos verbales con el GPS del coche que rentaron (la voz del auto les gritaba: "vuelta a la izquierda", "¡a la izquierda!", "¡¡retome ruta por favor!!"), lo mejor del relato fue saber que las blanquísimas rosas seguían vivas después de dos meses. Así que no sé si las flores de Luis Miguel son mágicas o transgénicas, pero no se marchitan al primer hervor. Las flores de San Antonio aguantaron calor veraniego, aire acondicionado, presurización, vuelo a más de diez mil pies, bajada turbulenta, aterrizaje tardío y contaminación citadina. Duran y duran. Yo tuve varias rosas de esas durante la temporada de conciertos en el Auditorio Nacional que provocaron muchas carcajadas en mi casa. Ya saben, las visitantes corrían a checar si no se habían muerto y si todavía olían a Luis Miguel.

Pero volviendo a la cena, luego de la primera vuelta completa del restaurante sobre su eje, la cual tarda aproximadamente una hora cuarenta y cinco minutos, empezó la lluvia de ideas para los próximos conciertos. Las que iban a ver a Micky en Chulavista tenían el alma en un hilo porque por medio de internet habían conseguido boletos de primera fila, pero en realidad no eran de "primera fila", sino de cuarta, quinta o peor.

—¿Cómo así? —les pregunté.

La respuesta fue ejemplar. Tras una dedicada labor, descubrieron que en ese estadio metían varias hileras de sillas plegables entre la fila uno "verdadera" (la original, pues) y el escenario. Les digo que las fans son especiales ¡están en todo!

Y claro, el problema de sentarte en la sexta fila es que Luis Miguel no te ve ni se entera que fuiste. Así que esa noche sobre la mesa se puso a discusión el plan para neutralizar a las quinientas personas que se les habían adelantado en la taquilla.

La verdad es que me impactaron. Si eso no es amor, díganme ustedes qué es. Yo que me sentía "La señora Fletcher" en materia de investigación, junto a las fans he aprendido a mejorar con creces mi manera de hacer pesquisas. Ellas dominan el tema y saben por dónde, cuándo y con quién.

El último punto en la agenda giratoria –justo a la hora del postre– fue la futura excursión a Las Vegas para dar el grito con Luis Miguel en el mítico templo del pop: el Colosseum del Caesar's Palace.

Que se cuiden en Nevada, las fans mexicanas van en camino.

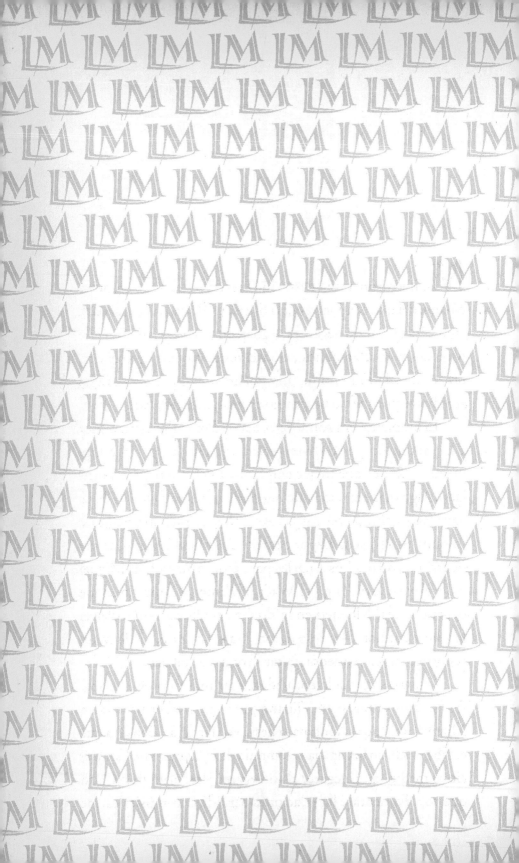

Me invitaron a una fiesta en el restaurante Blue Door en Miami, del que Madonna era la dueña y Gloria Estefan sería la anfitriona. Cuando llegamos al guateque −cortesía de Raúl de Molina− la Estefan ni nos peló y el restaurante... ¡creo que ya no era de Madonna! Fue una noche aburridísima. Así que seré breve porque no quiero dormirlos. ¡Despierten!

El ambiente era soporífero, así que para divertirme subí a la habitación y pedí *room service* (¡Yeah! ¡Yupi! ¡Hip hip, hurra!) y decidí que mejor empacaba tiliches y me iba a otro lado. Algo más emocionante que verle la cara a *"come on, shake your body baby, do the conga"*. Ahí, en la habitación blanca y minimalista (diseñada por Starck) del Hotel Delano, se me ocurrió... ¡volar a Los Ángeles para acompañar a Luis Miguel a develar su estrella en el Walk of Fame! ¿Cómo no se me ocurrió antes? Me metí en la "ducha tipo lluvia" −que dice el *brochure* del hotel− y resbalaron todas las ideas: "Micky, un reportaje súper vendedor, faltar otro día a trabajar."

Mientras comía la ensalada César más rara de la historia (si la inventaron en Tijuana ¡qué van a saber hacerla en Miami!), veía por la ventana la fiesta estefaniana y pensaba que estaba en chino llegar a la ceremonia de la Cámara de Comercio al mediodía. ¿Llegaré? ¿No llegaré? ¿Iré? ¿No iré? ¡Claro que voy! Fomentaré las relaciones periodístico-musicales, me divierto y me regreso a México. No tengo idea, pero ¿qué tan lejos puede estar Florida de California?

Es lo malo de no aprenderse los mapas en la escuela: volé cinco horas. Cinco. *Five*. Pasé por Texas, Alabama, Arizona, Nuevo México. Me regresé dos horas del futuro y aterricé con tal de estar donde se produciría una de las noticias más grandes en la carrera de Luis Miguel. ¿Han visto las películas en las que la protagonista tiene prisa, sale a la calle y hay miles de taxis a los que ella les grita: "¡Taxi!", y se detiene un chofer hindú? ¡Pues, en la realidad, eso no existe! Tuve que tomar un *shuttle* colectivo (o sea, un vil microbús aeroportuario) para llegar de panzazo a Hollywood Boulevard. Hora del Pacífico.

Corrí como loca, arrastré como loca mi maleta (cual vendedora de Biblias) y me colé como loca entre la multitud sobre la alfombra roja. Y con eso dimos por inaugurada la temporada de "Empujemos a los fans". Perdón niñas, pero se ponen al frente y no dejan pasar a nadie. Además, recuerden, ¡ya somos amigas!

¡Guau! Éste es el Paseo de la Fama de Hollywood. Basta poner las manos en el cemento para igualarte en popularidad con los mejores artistas de la era moderna. Elvis Presley, Madonna (la ex restaurantera, ja), Michael Jackson, The Beatles, Steven Spielberg. (Aunque una de las estrellas más recientes se la otorgaron a un perro, bueno, a veces hay que convivir con otros seres vivos.) De cualquier forma es uno de los puntos turísticos más pisados del mundo, con aproximadamente diez millones de visitantes por año.

¡Miren, ahí está Johnny Grant! Me emocioné. (Pobre. Murió doce años después...) ¡Llegué a tiempo! Luis Miguel iba de blanco —un poco como en la boda de *Fiebre de amor*—, bronceadísimo y muy feliz; tanto que abrazaba sin parar a Johnny, que fue el conductor de la ceremonia toda la vida y que antes de morir fue reconocido como "Treasure of Los Angeles".

Hubo un momento en que no supe si aplaudir, gritar: "¡Bravo, Micky!", tomar nota, empujar fans, respirar hondo para no llorar, cuidar mi maletón o sacar fotos. Así que hice todo junto. Es la ventaja de ser mujer y *multitasking*, aunque los investigadores de la ciudad de Oregon digan que la persona promedio sólo puede enfocarse en cuatro cosas a la vez.

De ahí, la maleta y yo nos arrastramos a la conferencia de prensa en el Hotel Roosevelt que queda, ese día lo descubrí, a setenta y un metros del Teatro Chino. Fue un reencuentro precioso con todos mis colegas. La insoportable que se siente la diosa de la radio, el que se cree inefable, la envidiosa, el simpático, el que odia a Luis Miguel, la reportera fan, de tele, de radio, de prensa, de aquí y de allá. Había de todo, parecía que había entrado a Macy's: departamento de damas, caballeros, niños, ¡muebles!… Me quedé al fondo del salón y desde ahí felicité a Micky por la estrella. Se me ocurrió preguntarle "¿Piensas grabar algún tema de Cri-Cri?"

¡JAJAJA! ¿Alguien me puede explicar por qué pregunté eso? Deja tú la pregunta… ¡me contestó! Y luego dicen que es un hombre inaccesible.

En los Ángeles, Luis Miguel se mueve muy bien, aunque los *paparazzi* lo encuentran cada vez que sale a cenar. Bueno, los fotógrafos o Rita, que es una fan argentina que lo ha perseguido por años y por millas. Su historia me conmueve muchísimo porque se muda de casa o trabajo dependiendo de los movimientos de Micky. ¿A Miami? ¡A Miami! ¿L.A.? ¡L.A.!

Para que vean que es cosa del destino y que soy una mega suertuda, un día iba pasando por Sunset Boulevard, por donde transita todo el mundo, cuando vi un auto sospechoso. Muy sospechoso. Era un convertible que en la placa trasera decía Mikonos, una palabreja clave que Luis Miguel utiliza para algunas cosas. Así que deduje: "¡Oh, es él!" Di vuelta en *u* a lo *Starsky and Hutch* y me estacioné en un lugar llamado Ocean Way Recording. Claro, era el estudio donde han grabado Ray Charles, Rod Stewart, Joe Cocker, Eric Clapton, Elton John, Rolling Stones, Paul McCartney, Frank Sinatra, The Beach Boys, AC/DC, Miles Davis, Michael Jackson, Barbra Streisand y el hombre del convertible.

Me sentí en la necesidad de fingir demencia y minimizar el descubrimiento (¡ahí está LM!), para que no me botaran del lugar. Puse sonrisa de buena persona y entré como una mujer súper asidua a los estudios de grabación del mundo.

—Hola ¡*Hi!*... ¿Puedo ver a Luis Miguel? —saludé al hombre de recepción que se perdía entre un altero de cajas de pizza.

—Él no está aquí... ¿Quieres pizza?

—Estoy a dieta, gracias. —No quise abusar...

Efectivamente, Micky estaba ahí en plena grabación de "Amarte es un placer".

Yo creo que el recepcionista con olor a pepperoni tiene que trabajar la voluntad. Al fin que ni quería entrar...

CONTIGO APRENDÍ

Los Ángeles siempre me ha parecido una ciudad fantástica. No la entiendo, pero me parece extraordinaria. A lo mejor porque es una ciudad llena de sueños. Me pierdo en sus autopistas, pero saber que estoy en la tierra de las fantasías me gana. Luis Miguel vive ahí desde hace muchos años. Primero en Beverly Hills y ahora en una elegante comunidad, donde sólo reside lo mejor de lo mejor.

En ese barrio súper exclusivo, el más impresionante de L.A., te puedes encontrar por ejemplo a Meg Ryan, Jennifer Aniston, Tom Cruise, Ronald Reagan (bueno, antes, ¡qué miedo encontrártelo ahora!) o Salma Hayek, esa actriz, –ahora Caballero de la Legión de Honor Francesa.

Personalmente admiro a Salma por inteligente, poderosa e increíblemente atractiva, como la define el director español Alex de la Iglesia. (Además hay otras razones que nos vinculan a nivel intangible.) ¿La vieron en *Savages*?

Ella es el máximo ejemplo de un tema que a muchos famosos les quita el sueño y que podríamos denominar: "¡Triunfaré en Hollywood!" Consiste en abandonar lo que tengas en México (o tu terruño), dejar tus pocos o muchos logros en tierra firme e irte a buscar fortuna a la Meca del cine, a la verdadera cuna del *show business and entertainment*.

Una vez Salma y yo platicamos acerca de Luis Miguel. ¡Surgió! Y ya saben que en las conversaciones la gente habla de muchas cosas. Básicamente, de lo que sea.

El 25 octubre de 1996, Luis Miguel y Salma Hayek asistieron juntos a la doceava edición de una gala a beneficio del Centro Barbara Davis que recolecta fondos para combatir la diabetes y que tiene un nombre de ensueño: "Carrusel de la Esperanza." Ellos eran una de esas parejas de famosos que un viernes por la noche van al hotel Beverly Hills, ayudan al prójimo y, de paso, se promocionan internacionalmente. Una de esas parejas que no son pareja, ¡pero que hacen muy buena pareja! O que lo fueron tal vez.

Salma y Luis Miguel son amigos hace más de veinte años. Salma lo acompañaba a sus conciertos, iban a fiestas juntos y, a veces, conseguían un trío —musical, por supuesto, como Los Panchos, pues— y cantaban juntos muertos de risa. O llevaban serenata a las mamás de sus amigos. A Salma le gusta, por ejemplo, cantar "Seguiré mi viaje", de Álvaro Carrillo y le chocan las canciones de "arrastradas".

Para que vean el nivel de cuatitud, alguna vez, Salma ¡se encajueló! para visitar a Luis Miguel en un hotel de Polanco, donde uno de los grandes atractivos es el mural de Pedro Friedeberg. La actriz moría por visitar al cantante, pero no quería que nadie la viera pues era una cita súper secreta. Entonces, se le ocurrió la genial idea de esconderse en el maletero del coche de un amigo suyo (¡muy bueno!).

Sé también que a Salma le encantaba regalarle juguetes, muñecos y cachivaches a Luis Miguel. Entraba y le compraba la juguetería entera: "¡Envuélvala para regalo!" Pero no se pierdan, que estábamos en el Carrusel de la Esperanza…

Ella, con una gargantilla que si la pierdes te matan, impresionante en un vestido escotadísimo azul rey, y el rey de *smoking* y sonrisa perfecta.

Lo sé, Salma ya había hecho *Pistolero* con Antonio Banderas, pero apenas empezaba a circular en las reuniones importantes. Luis Miguel tenía diez años de éxitos en el mundo latino, ya había cantado con Sinatra (en el álbum *Duets II* y en el Homenaje de 80 años) y tenía su estrella en el Walk of Fame, pero eran sus primeros acercamientos con los grandes de la industria hollywoodense.

Esa noche fue emocionante porque estaban Melanie Griffith y Antonio Banderas por ahí, Brooke Shields por allá, Sylvester Stallone a un lado, Joan Collins al otro, Rod Stewart a la derecha, Sophia Loren a la izquierda, Whitney Houston, Michael Douglas y de ahí para arriba. Hasta un ángel de Charlie apareció en la fiesta, el mejor: Jaclyn Smith. Pensar que yo de niña quería crecer para transformarme en ella. ¡Oh, Jaclyn! Con pistola y biquini blanco incluido.

Como les iba diciendo, la llegada de Luis Miguel y Salma al Carousel of Hope Ball fue increíble. Aunque eran los nuevos se agarraron del brazo, respiraron hondo (¡óle!) y entraron como si nada, codeándose con Frank, Columbo (Peter Folk) y Raquel Welch, quien iba acompañada de un novio jovencísimo.

Cuatro meses después, Luis Miguel y Salma aparecieron juntos en la alfombra roja de los Academy Awards 1997 y los medios publicaron "en exclusiva" que era la primera vez que se dejaban ver como pareja y bla, bla, bla. Pero no. Por ejemplo, en ese tiempo nació oficialmente el inconfundible saludo Red Carpet de la Hayek, después de algunos meses de ensayo y muchos consejos de su amigo Luis Miguel, (que por apoyarla en ese gran momento ni volteó a ver a Barbra Streisand que estaba parada justo detrás de él. Confieso que no soy fan de la intérprete de *The way we were*, pero no hacerle caso es casi pecado).

—Tienes que caminar muy derecha, el cuello erguido, que se vea la seguridad —le decía Micky—. ¡Que vean lo guapa que eres! Tú, con una mirada interesante, como si toda la vida hubieras desfilado por la alfombra roja. ¡Los vas a volver locos!

Salma me soltó la anécdota como si nada, pero a mí me pareció digna de contarse por la carga de amistad y solidaridad, en medio de la tendencia generalizada de "meterle el pie al compatriota".

Por supuesto, Luis Miguel no era un personaje muy común en los desfiles de celebridades, pero un año antes había pasado frente a los mismos fotógrafos del brazo de su entonces novia Daisy Fuentes (vestida de verde limón y escote de impacto) y eso le daba más experiencia que la que tenía su amiga jarocha, la cual se convertiría varios años después en la primera mexicana nominada al Óscar como "Mejor actriz protagónica". ¡Bravo, Salma!

Esa tarde entrevisté a la Hayek. Comimos juntas en el Chin-Chin de Beverly Drive. Y la imagen del cantante —dándole lecciones de seguridad en la vida— nos acompañó mientras recogíamos la ropa de Salma y su novio Edward Atterton en una tintorería de Sunset Boulevard atendida por un chino. ¡Era una tintorería de verdad! En un momento dado, y después de dar vuelta a la izquierda justo en la esquina donde había un cactus, llegamos a la nueva casa de Salma en las colinas de Hollywood. Y aunque estaba en plena remodelación, me presumió cada rincón, en una plática que iba por dos caminos. Ella hablaba de la casa que a veces compartía con su hermano Sammy, y yo hablaba de Luis Miguel. Soy una necia consumada.

Era la época en que Salma estaba en plena promoción de *El jorobado de Notre Dame*, una película regular en la que conoció a Edward de Birmingham, Inglaterra. Yo sé que ya son muchos jorobados, pero no hay que confundir esa película con la otra de Disney, donde Luis Miguel cantaba "Sueña, con un mañaaaana…"

La casa era preciosa, típica de Hollywood Hills, muy chistosa gracias a la alarma con voz propia que instalaron para mantener lejos a los malhechores. Ya saben, esas alarmas parlantes que proporcionan información de cada movimiento: "sensor de ventana oeste, activado, puerta trasera, abierta, ¡aléjese!"

Mientras la señorita de la alarma se daba vuelo y nos ponía los nervios de punta, el *tour* seguía. La terraza, la alberca con vista divina, las recámaras, los baños –tinas con suficientes velas aromáticas como para incendiar Hollywood Hills–, la cocina, el comedor y la sala con chimenea. ¡Ahí estaba el detalle!, justo arriba de la chimenea, una fotografía que desencadenó una interesante investigación periodística, una exploración de campo sin malicia. Lo juro.

Era la imagen de Salma con Antonio Banderas en la premier de la cinta *Pistolero*. Antonio, no me acuerdo; pero Salma estaba enfundada en un vestidazo rojo, laaaaaargo, de caída perfecta, ceñido, de gran escote y sin espalda.

—¿Cómo pueden decir que las tengo operadas [las *boobs*]? ¡¿Cómo?!, me preguntó.

Y yo: "Sí, eso dicen. Ya ves como hay gente chismosa… (ja)."

—Tú les vas a decir que no, que son naturales…

—¿En serio?

—¡Ven, tócamelas! ¡Mira, no hay truco!

Y yo, las toqué. Hay cosas a las que uno no puede negarse. ¡Luego dicen que no soy sensible! Todo lo anterior podría hacer pensar que nos desviamos de la historia de Luis Miguel. Pero nada de eso. ¡Sigámos! Salma y Micky compartían también peluquero: Marco Rosado (¡Markismo!), un verdadero artista del pelo y maquillista. Aparte se apoyaban mutuamente ante los embates del destierro voluntario. Comían juntos, veían películas, pasaban fines de semana enteros platicando y, a veces, se convertían en familia.

—Cuando Sergio, su hermanito, venía a Los Ángeles, decía: "¡Yo me quiero dormir con la tía Salma!" ¡Muy listo el niño! Precioso. Y se quedaba conmigo, me confesó la actriz.

Ya me imagino los cuentos de la tía Salma para que se durmiera. Cenicientas, príncipes, monstruos espantosos, castillos en Venecia y mujeres barbudas. Un poco de ficción por aquí y mucha realidad por allá.

Creo que tengo que llamar a mi editor porque se me están ocurriendo otras cosas que escribir en el libro… Le llamaré y le pediré que no permita que me salga del camino del bien. Algunas veces tener bondad interior no es productivo.

ARGENTINA

"MICKY... ¡SALÍ!"

Luis Miguel es culpable de mis viajes a lo largo y ancho de este mundo. Además, Dios es testigo de lo que he navegado por internet, buscándolo. Y eso cuenta en millas y horas. Mi primer viaje importante con él fue a Madrid. Ah, no, no, fue a Buenos Aires. Hice una escala gigante en Miami. Mi premio al aguante fue que en la sala de conexión de los vuelos, donde estábamos casi detenidos (no podíamos salir de ese cuarto), me encontré al ex vocalista de Fobia, Leonardo de Lozanne. Eso, quieras que no, te inspira y te ayuda a que el tiempo pase volando.

Mi primera vez en Buenos Aires fue para ver a Luis Miguel en concierto. La segunda, también, con diez meses de diferencia. Un año después del episodio "Miami".

Por fin llegamos al Grand Salon del Hotel Hyatt ese jueves de noviembre de 1996. Eran las ocho de la noche y los mexicanos, cosa rara, fuimos los primeros en entrar a la conferencia de prensa del *Tour Nada es Igual*. Aunque yo era una invitada más, esa noche, cuando Luis Miguel hizo su entrada triunfal al coctel, o el *meet & greet*, me convertí en la abanderada de la delegación mexicana, porque Luis Miguel… ¡no conocía a los ejecutivos de su disquera! Y como yo era la "amiga" en común de los dos bandos, me tocó hacer las presentaciones y todo. "¿No se conocen? Pues ellos son fulano y mengano de Warner. Muchachos, él es Luis Miguel." Con el paso de los meses los ejecutivos me seguían guardando rencor por eso. Cosa que nunca entendí. Nunca queda bien una.

En la mañana había recibido en mi habitación una tarjetita que decía: "Warner Music Argentina abre sus puertas para brindarles toda nuestra atención y hospitalidad, intentando que se sientan un poco como en su casa. Esperamos que disfruten plenamente esta oportunidad de compartir estos acontecimientos con un artista único como es Luis Miguel."

Los "acontecimientos" a los que se referían, eran una inusual convivencia con Micky y el concierto que ofrecería al día siguiente en el Estadio River Plate. Así que compartimos el momento, comimos canapés, bebimos champaña y tomamos fotos. Por cierto, yo quisiera, sinceramente repetir esa sesión fotográfica porque salí fatal. Como Luis Miguel es hombre de pocas fotos, hay que presumirla en algún rincón de la casa o la oficina. Yo la tengo guardada y sólo la saco de vez en vez. Como ahora, aquí en el libro. Con una pequeña modificación (¡gracias por los aplausos! jaja).

Algo sucede cuando Luis Miguel se te para enfrente, no puedes reaccionar. ¿Ya saben cómo? No se te ocurre qué platicarle. Hombres y mujeres parejo. "El efecto Luis Miguel." Lo de las mujeres es obvio, pero lo de los señores es muy chistoso. Un día fui a verlo con un amigo que se decía incrédulo "pues, hasta eso, que sí está galán" y a la mitad del concierto —o antes, creo— le gritaba enloquecido: "¡Te amo!"

En Argentina casi todos lo felicitaban por el disco *Nada es igual* y ya, o le decían: "¡Ay, qué bonito es Baires!" Yo me fui más por el estilo clásico de la conversación: "¿Cómo estás? ¿Qué me cuentas?" Y él, me contaba que muy bien, que le encantaba el nuevo disco. Ese álbum es el que incluye, por ejemplo, "Que tú te vas", esa joya de Pancho Céspedes, que según yo es de las mejores canciones que ha grabado en la historia y "Cómo es posible que a mi lado", compuesta –aunque duela– con dedicatoria especial para una de las gemelas del dueto Ivonne e Ivette. Esto es un claro ejemplo de que, aunque hables de un disco, siempre hay tema. Bueno, eso último lo supe por otra parte. No piensen que Luis Miguel me soltó "es que Ivette…"

Más bien me presumió que él lo produjo –estaba súper orgulloso– y que había letras suyas y de su nuevo mánager inseparable Alejandro Asensi. Luego, ¡terminamos alegando sobre el último álbum de Babyface! ¿Quién usa el tiempo con Luis Miguel para hablar de Babyface? ¡¿Quién es Babyface?!, se preguntarán. Es un cantante de *rhythm and blues*, funky, con una súper voz (mi canción favorita de él es *Outside in, inside out*).

Al final, nos entró la risa porque hablamos de que en Argentina lo a-m-a-n y le dije que me encantaba el grito de las fans que dormían bajo su ventana. No sé si no dormían o hacían guardias, turnos o rondines, pero no paraban en todo el día y toda la noche: "Micky… ¡¡¡¡salí!!!!" "Salí… ¡¡¡Micky!!!" De atrás para adelante y de adelante para atrás. Ya cuando se aburrían de ésa, recurrían a la porra: "Y Micky no se va, y Micky no se va…"

Al día siguiente, mientras él no salía de su habitación, yo aproveché para conocer Buenos Aires y tomar fotos malísimas en San Telmo (hay días que no se me da la fotografía).

El concierto fue en el River Plate, un estadio legendario. Cuando entré pensé: "Si fuera futbolera, estaría llorando de la emoción." Qué bueno que no, (¡qué ridícula me hubiera visto!). Lo que hice fue comprar algún recuerdo de aquel sitio. Escogí unas *bombachas* con la cara de Luis Miguel. Sí, ¡unos calzoncillos blancos con un sonriente Micky a todo color!, que nunca me subieron ni a las rodillas, pero los he presumido muchísimo.

Cuando salió Luis Miguel, el estadio se vino abajo. Cielo estrellado, clima delicioso y un mexicano triunfando donde termina la Tierra. ¡Qué momento tan perfecto! Había ochenta mil argentinos en completo frenesí. No era simple gusto ni admiración: frenesí. Que es un entusiasmo tremendo, delirante. ¡Además nunca había visto a tantos argentinos juntos!

Estoy valorando muy seriamente abandonar el periodismo y dedicarme a la psicología, a la terapia grupal o al *coaching*. Es que yo digo que en lugar de seguir a Luis Miguel por medio mundo y sólo disfrutarlo, tendría que sacarle algún provecho: terapia para fans

En conferencia de prensa, Luis Miguel había confesado: "De no haber sido cantante, hubiese sido pescador…" No dudo que sea un oficio con su dosis de romance. Ir en el barquito, aventar las redes, pelearte con los atunes, en cada muelle un amor… Pero, francamente, no lo imagino. Menos después de ver cómo maneja al público. No sé qué hace, pero parece como si en lugar de ochenta mil personas hubiera sólo una, y que a esa persona le cantara en privado. Y claro, te canta y te enamoras.

Mi momento favorito del show fue cuando cantó "Todo y nada" con grupo de violines, aparte de sus músicos de cabecera. ¡Uf, qué lástima que la haya sacado de su repertorio habitual!

Camisa negra y corbatín colgando, pelo engomado y esa voz: "Muere, la esperanza que añoro, pues teniéndolo todo, nada te puedo dar… pues teniéndolo todo, nada te puedo dar…" Tampoco pude evitar soltar alguna lagrimilla cuando todos le gritaban: "¡Te queremos, te queremos, te queremos!" al final de "Sueña", que fue espectacular. Es un concierto que nunca voy a olvidar porque ahí escuché la ovación a Luis Miguel más grande de todas. Por eso es el "líder de la canción latina", ponía un encabezado al día siguiente.

CONTIGO EN LA DISTANCIA...

Otra Martha –no yo– guardó en una "Caja del tiempo" que será abierta en el 2050, una carta especial para Luis Miguel. Así, los habitantes de esa época –por lo menos los que descubran el cofre– sabrán que hubo un artista increíble: uno de los cantantes más importantes de todos los tiempos.

Tal vez él siga aquí para ese momento y tenga 80 años; sin duda le harán un homenaje como a Sinatra y cantaremos "Come Fly with me". Yo tendré 84, pero si el oxígeno me lo permite, le ayudaré a soplar las velas.

Martha Codó es la Rolls Royce de las fans. Así como el Barcelona es más que un club, ella es más que una fan. Es una mujer que podría haber sido escritora. O una aguerrida futbolista profesional. Pero escogió ser maestra y fan de Luis Miguel. Aclaro que su caso es único: tiene el récord de haberlo visto en concierto ¡218 veces! Y eso, quieras o no, te hace conocer a Micky profundamente...

Siento que en el escenario es totalmente él, es donde realmente saca todas sus emociones. Hace años, tenía todo medido en exceso, dónde se paraba, dónde hacía tal o cual cosa y difícilmente rompía sus rutinas. Ahora es más suelto. Ante todo, es perfeccionista. Se enoja si las cosas no salen como él quiere, pero hay veces que predomina su sentido del humor. Una de las cosas que más me llama la atención de él, es su forma de ser un tanto infantil. Le gusta jugar y, cuando puede, lo hace. ¡Denota que es muy tierno!... Se goza tanto, que me atrevo a decir que se olvida de todo y canta para sí mismo. Por eso no piensa tanto en qué les puede gustar a los demás: lo que le gusta a él es lo que prevalece, porque es lo que siente y quiere...

Ah, olvidé contarles que Martha también es psicóloga. Siempre he admirado a las personas que parecen desequilibradas al primer vistazo. Pero que en realidad son muy cuerdas. El desparpajo lo confunde todo. Una tarde platiqué con Martha sobre su "locura". Las palabras y el vino Único, fluyeron. Por eso sé que es fan desde hace 22 años.

Ni yo misma me lo explico. Bueno, sí, me fascina. Llena mi vida, no puedo dejar de escucharlo. Es como un vicio y en todos los momentos en que yo pueda recordar de mi vida –alegres o tristes–, siempre hay una canción de Luis Miguel conmigo. Verlo en concierto y seguir su carrera es para mí una emoción muy grande. Inclusive en los conciertos me han pasado cosas raras...¡una vez sentí que estaba levitando! En serio, ¡en serio! Sentí que mi cuerpo se desprendía un poco del asiento y me llevé un susto espantoso.

Ahorita disfruto más libremente porque no estoy trabajando y no dependo tanto de las miradas de la gente. Porque yo, directora de un colegio, se supone que debería tener un nivel de comportamiento digamos formal, para que no me juzgaran como "la loca que va a ver todos los días a Luis Miguel". ¡Menos estar en la puerta, afuera, echándole porras con el club de fans! Eso no lo podía hacer, así que era bastante discreta y durante años estuve en el Auditorio sin acercarme jamás al escenario, sin moverme de mi lugar. Eso de ir a darle la mano no era para mí. Era algo que no contaba en mi vida, no podía permitir que mis alumnos lo vieran, ni los padres, ni mis hijas. Era una fan silenciosa. Pero me emocionaba tanto que yo sacaba mi pañuelo y empezaba a llorar ¡a veces pasaba todo el concierto llorando! Ahí, en mi lugarcito, sentadita, yo solita sin compartirlo con nadie. Porque además me ha gustado ir sola a los conciertos, porque me daba pena que me vieran llore y llore. Nunca entendí –ni he entendido– porque lloraba. Todas estas reacciones van más allá de lo que pueda razonar y ni siquiera me interesa mucho razonarlo.

La canción favorita de Martha Codó es "Contigo en la Distancia". Así se llama el Club de fans oficial que ella preside y también su nuevo programa por internet dedicado a Micky.

Mi papá tocaba el piano y yo también quería tocarlo, pero no alcanzaba la teclas. Él me decía: "Bueno, y ¿qué quieres tocar?" Y yo gritaba ¡"Contigo en la distancia"! La letra y todo me encantaba, pero cuando la grabó Luis Miguel para mí fue el *non plus ultra*. Aunque a mí me ganó por "Fría como el viento" (otra Nota de la Redacción: "Fría como el viento, peligrosa como el mar, dulce como un beso, no te dejas amar..." Es impresionante). Fue la primera canción que escuché poniendo atención y dije ¡qué voz, este muchacho es único! Me fascina "Tu Mirada", "La incondicional" –que es algo muy nuestro, de todas las fans– y de las últimas, "Siento", la puedo oír una y mil veces.

Según Martita –la otra, no yo– nadie iguala a Luis Miguel, ninguno que le pongas enfrente le llega ni a los talones. Lo considera un ser privilegiado en voz, físico y personalidad. Por eso lo ha visto en... ¡218 conciertos! Doscientos en el Auditorio Nacional...

No, más. ¡Yo tengo más que él en el Auditorio! –bromea. La primera vez que viajé para ver a LM fue a Lima, por la gran amistad que hice con una fan de Perú, Lucy –mi almita gemela. Nos prometimos desde aquel entonces, casi un pacto de sangre, que siempre que él se presentara en Lima yo estaría ahí y que si cantaba en México, ella vendría. Y lo hemos cumplido.

De Lima fuimos a Buenos Aires, al Estadio Vélez. En otro año, repetimos el recorrido y luego viajamos a uno de los lugares que más deseábamos las dos: a Nueva York. ¡Se nos hizo conocer el Madison Square Garden! Y tuvimos una experiencia hermosísima. Estaban ahí Aracely Arámbula y David Bisbal.

También lo he visto en otros lugares de Estados Unidos (Los Angeles, San Antonio, San Bernardino, San Diego), algunos en México (Acapulco, Zapopan, Oaxaca, Monterrey) y muchas veces en Las Vegas. Este último sitio es un lugar de concentración de fans, conoces a mucha gente, la pasas rico y los conciertos son muy bonitos. Aunque yo ahí tuve una mala experiencia... y dejé de ir un tiempo, pero volveré.

La "mala experiencia" a la que se refiere doña Martita es que la sacaron de un concierto por hacer algo prohibido, antirreglamentario, sancionable, ilegal, incorrecto y clandestino: le quiso dar una rosa a Luis Miguel.

Ese día metió una flor de contrabando y le falló la logística. Se paró de un lado del escenario, rosa en mano, pero el cantante se fué hacia el lado contrario y los guardias la detuvieron. Entre la música, el susto y el inglés "policial", escuchó: "¡Flower! ¡Don't move! ¡Seat!", y se regresó a su butaca. Todo iba muy bien, hasta que... ¡llegaron 4 guardias! y la pusieron de patitas en el lobby.

Tres hombres y una mujer, con un despotismo espantoso, me gritaban. Yo empecé a sentirme muy apenada, porque estaba Luis Miguel en pleno concierto. La gente decía indignada "déjenla, déjenla". Y ellos me gritaban "¡Go!", entonces medio entendí, me paré y me sacaron. Yo no pensé que me fueran a llevar a la cárcel ni a ningún lado, pero mis amigas sí y se quedaron infartadas. Yo hasta sentí alivio, porque prefería alegar afuera. El caso es que, ya en el lobby, me ordenaron: "Put your Flower!", señalando un mostrador; cuando la dejé ahí, llegó un chavo, me agarró por los hombros ¡y les empezó a gritar a ellos! Ah, la dulce venganza... El desconocido me dijo: "Vámonos señora", y yo le dije "¿a dónde?" Hasta que soltó un "vamos a humillarlos ¡vamos con Luis Miguel!" Yo dije "ah, si vamos con Luis Miguel, pues ¡vamos!"

Entramos a la sala, bajamos las escaleras, pasamos por mi lugar y me llevó hasta el pie del escenario, hasta donde nadie se había podido acercar esa noche. Él cantaba "Amarte es un placer" (nota de la Redacción para entrar en situación: "tan mía, mía, mía, mía, que eres parte de mi piel, conocerte fue mi suerte, amarte es un placer, mujer"). Luis Miguel se me quedó viendo y me preguntó qué hacía ahí. Lo único que se me ocurrió decirle fue: "Me sacaron..." Él contestó: "¿Qué?", luego me dio un beso, me tomó la mano y no me soltaba... Al chico que me salvó le pregunté quién era y dijo que sobrino de Luis Miguel. Me sentí humillada y luego tuve mucha suerte... ¡Qué aventura!"

¡Ahí quería llegar! A las aventuras que LM provoca en su vida.

Una vez, Martha tuvo que correr 3 calles saliendo del Auditorio porque un grupo de señoras voluntariosas –no del Voluntariado– la querían golpear por ser la "consentida" del cantante.

Otro día, Myrka Dellanos —la ex novia televisiva del ídolo— le dijo a la mitad del concierto: "Martha, quiero que estés aquí conmigo", le dio un abrazo y no la soltó toda la noche. Entre canto y bailongo, Myrka le contó que amaba a Micky con locura y que le pedía a Dios que siguieran así, porque él se portaba bellísimo.

Pero hay una anécdota con la que mi tocaya me conquistó. Hace algunos años se quedó a la mitad de la selva, en Veracruz —perdida en la obscuridad, cerca de Laguna Verde— por escaparse de una convención de maestros para ir a un concierto de Luis Miguel en el puerto. Su única compañía era una monjita... Pero esa anécdota no la podemos contar con detalles aquí porque si sus hijas se enteran ¡se acaba la diversión!, (otra nota de la Redacción: creo que a veces los hijos no entienden la genialidad de sus padres).

En Lima ¡lo perseguí al aeropuerto! Nunca pensé hacer semejante cosa en mi "status de madre y maestra abnegada". Iba en un taxi con una chica que gritaba ¡estoy embarazada, voy a dar a luz!, para que nos dejaran pasar los otros coches. Pasábamos entre tráilers y luego nos persiguió una motocicleta del convoy de Luis Miguel. No sabíamos que venía a ayudarnos y nosotros no dejábamos que nos alcanzara (jajaja). Fue una historia linda, porque aunque hacía mucho frio, los del aeropuerto nos dejaron pasar y al final, Luis Miguel se bajó de la camioneta, fue hasta la reja y nos saludó de una por una. ¡Todos congelándonos!

Aquí tenemos que hacer una pausa, porque les quiero contar más de Martha —la otra, no yo.

Ella escribía fotonovelas para una editorial llamada Dulce Amor. ¿No es una maravilla? ¡Dulce Amor! Los protagonistas eran, por ejemplo, Fernando Allende, Silvia Mariscal y Ana Luisa Peluffo (ya de grande, aclaremos). Eran la competencia de *Chicas* y *Cita de lujo*, donde aparecían los actores de más caché y que mis hermanas compraban y yo leía. Ya prometía yo mucho desde niña...

La otra Martha le dedica 24 horas del día a Luis Miguel, pero es una mujer con equilibrio.

Yo tengo muy claro –y me siento muy bien por ello– que existen dos mundos para mí. Uno es el real, con mis hijas, mi esposo, mis problemas, la comida, hacer la casa, hacer el súper, dar clases. Y otro, que es el mágico, con LM: me relajo, viajo, platico con las amigas, veo videos, leo cosas suyas.

Me siento una fan afortunada porque recibo de Micky muchas cosas bonitas. Se ha establecido una relación entre él y yo, arriba y abajo del escenario, guardando bien las distancias. Yo sé que nunca me va a invitar a cenar, ni al yate. Estoy muy bien ubicada. ¿Que puede hacer LM? ¿En dónde puede retribuirme? Pues en el escenario, y ahí no le puedo pedir más... ¡hasta me ha aplaudido!

Cuando cumplí 150 conciertos hice una mascada que decía: "150, tú y yo juntos." Era la época en que yo, cada vez que él cantaba "Te necesito", le daba una rosa ("yo te necesito, como el aire que respiro, como huella en el camino, como arena al coral..."). Ahora, justo ahí, él nos regala flores. Ese día se la entregué y se la guardó como mago en la manga. Luego la desenvolvió, se la enseñó a todos sus músicos y cuando llegó al frente, me señaló y me empezó a aplaudir. ¡Me puse felíz! Cantó "Sabes una cosa" viéndome todo el tiempo, y eso es de lo más bonito que me ha pasado en la vida. Fue algo impresionante y creo que no lo ha hecho con ninguna fan. Claro ¡ninguna fan le ha dado mascada de 150 conciertos! Me siento tan recompensada que un señorón como él, que todos ven tan lejano e inalcanzable, sea así conmigo. Es maravilloso, todo un caballero, precioso. Me ha dado todo.

Otra pausa, porque la máxima fan de Luis Miguel no sabía que su ídolo triunfaría en el mismo escenario en el que triunfó ella –el Estadio Azteca– algunos años antes. Pues la otra Martha fue futbolista, bailarina y tiene otro récord: ¡vueltas en la Montaña Rusa! Y eso, señores y señoras, es lo que yo llamo, disfrutar de la vida.

Jugamos en el Azteca ¡es lo más impresionante que he visto! La cancha es enorme. Yo era buena para patear la pelota y me pusieron de centro delantero. Trataba de meter los goles y lo único que perdí fueron las diez uñas de los pies. Yo salía a jugar siempre con florecitas de adorno en el pelo y me decían que era muy coqueta en el campo. La verdad, me divertía mucho y mi esposo, el único hombre que he tenido en mi vida (llevo casada 36 años), me iba a echar porras desde entonces. ¿Que si se pone celoso de Luis Miguel? No ¡al contrario! soy su orgullo. Le presume a todo el mundo que su mujer fue a ver a Luis Miguel y recibió flores. Es muy inteligente y comprensivo y sabe que Micky llena una parte muy importante de mi vida. Me lo respeta mucho, siempre está pendiente de si llego a la casa con rosa o no.

Lectores queridos, favor de consultar el capítulo "Las fans" para saber más sobre las rosas de Luis Miguel. Un misterio para la floricultura mundial. O para los expertos en lo "sobrenatural".

También bailé con el cuadro asturiano, no flamenco sino la música del norte, como las "muiñeiras". Después de escribir, bailar es mi segunda pasión.

¿Y la Montaña Rusa?

¡Yo busco mis terapias! Luis Miguel es una grande y la montaña otra. Cuando trabajaba en la Academia era mi camino de regreso a casa y me sacaba toda la tensión. Era mi parada obligada a las 3:30 de la tarde. Me echaba unas 5 vueltecitas y me iba a mi casa. Era un ejercicio: ¡soy loca! Me encantaba la sensación de las bajadas, de volar, porque levantaba los brazos y todo.

Le pregunto a Martha que haría si tuviera enfrente a Luis Miguel y contesta:

¡Pedirle 5 minutos para que se me pase la emoción! (jajaja). Primero le diría: "¡Espérame tantito!" Porque he tenido algunas pequeñas oportunidades de tenerlo frente a mi nariz y no le he dicho nada. Te sientes la más tonta del mundo. He soñado mucho con platicar con él, incluso seguido tenemos "nuestros diálogos"... ¡Claro, nunca me ha contestado! Pero lo primero que haría sería contarle unos chistes muy buenos que tengo. Siento que goza mucho el sentido del humor y yo también, abriríamos una brecha muy bonita. ¡Me encantaría verlo reír! No le preguntaría nada de su vida, más bien me gustaría platicar con él sobre emociones. ¿Qué siente cuando esta cantando?

¡Ah qué divertida es la vida de las fans! Dicha pura...

MICKY. UN TRIBUTO DIFERENTE

¿Momentos malos? Con Luis Miguel, ninguno. Pero a veces los problemas son a la hora de tratar de conseguir los boletos para los conciertos. O, en ocasiones, los enfrentamientos entre los clubes. Nos respetamos y nos queremos, pero hay mucha envidia también. Yo me he realizado y me divierto muchísimo con las fans. ¡Hay mucha adrenalina! Aunque el año pasado sí la sufrí para verlo en Estados Unidos. Él ni se lo imagina. Tuve que comprar mi boleto en una compañía llamada *Ticket now*, que te los vende al doble...¡900 dólares un boleto! Pero dices "bueno, todo sea por verlo" y luego, a pagar todo el año.

Aunque ya se ganó un récord Guinness a costillas de Luis Miguel, no ha pensado registrarlo ni hacerse famosa por eso. Lo único que quiere es..."¡Una foto!", grita sin dudar. "Él y yo solos. Tengo fotos en grupo, pero sueño con una foto sólo él y yo. Ay, para que me la pongan en mi tumba."

¿Que estarías haciendo si no fueras fan? Le pregunto y ella me dice:

Todos los días le doy gracias a Dios de tener esta vida. Lo he pensado y, seguramente, algo se me hubiera ocurrido...¡pero no tan divertido y tan apasionante! Dios me lo puso, tenia que ser así. No me molesta que digan que estoy loca por seguir a Luis Miguel. ¡Es una locura preciosa! No sé que hubiera hecho sin él, ahora sí que, como dice la canción "O tú o ninguna": "Si no existieras te inventaría..."

La cara de asombro que puse cuando escuché los relatos debe ser la misma que están poniendo ustedes y la que pondrá Luis Miguel cuando lea este testimonio.

Por eso, en este momento la declaro "la fan más cotizada del artista".

INOLVIDABLE

(ESPAÑA)

La primera vez que crucé el Atlántico fue de la mano de Luis Miguel. Bueno, al menos espiritual y técnicamente. Él a bordo de su *jet* privado y yo en un avión enorme que, a las seis horas de vuelo, parecía un campo de refugiados o un albergue aéreo. Hombres dormidos sin zapatos, mujeres con antifaces, niños llorando, parejas muy entrelazadas (tipo *pretzel*), una señora en pijama y pasajeras medio *groovies* por tomar somníferos para aguantar el viaje. Yo era una de ésas.

Así que veía cómo una sobrecargo de aproximadamente 60 años, y un mal genio que te mueres, me regañaba en cámara lenta porque "en caso de desastre, no reaccionas. ¡Claro, con lo que has ingerido!... y hay que llevarte a cuestas. Y con lo que pesas... ¡madre mía!" A las azafatas de Iberia les falta el cromosoma del amor al pasajero, en general. Pero, en particular, ésta era una verdadera hija de puta.

Luis Miguel despierto —no duerme en los aviones— y yo, entre azul y buenas noches, íbamos rumbo a España donde cantaría nueve noches, las primeras y la última en Madrid, pasando por Málaga, Murcia, Valencia y Barcelona. Dato para la historia: todas las entradas se agotaron... ¡en dos horas!

Parecen pocos nueve conciertos en España, pero no. Ningún latino —ni no latino— lo había hecho, y menos contando un concierto como el del Palau Saint Jordi, ante veinte mil personas.

Luis Miguel no viaja como cualquiera por lo que sus maletas guardan cosas "distintas". Por ejemplo, muchos trajes iguales, zapatos idénticos, extravagancias de cantante número uno, ropa blanca y negra, copas de vino intransferibles, libros, camisas repetidas y calzado ultraboleado.

A punto de aterrizar en el Aeropuerto de Barajas, me enamoré del paisaje, esas parcelas perfectamente trazadas, los árboles que parecían haber sido acomodados minuciosa y concienzudamente. Me impactó tanto que cuando platiqué con Micky –después del segundo concierto– le pregunté: "¿Viste el campo en el aterrizaje? ¡Qué maravilla! ¿No?" Y él, contestó igual de emocionado: "¡Precioso! Ya lo había visto. Es impresionante."

Es lo bueno de ser él, un hombre sensible, y yo, una mujer de alegrías simples (con un restito de somníferos en el cuerpo: "¡Ay, los arbolitos!"). ¡Qué emoción! Era abril, casi mayo, y estaba en la tierra de la revista *¡Hola!* En el hábitat del Juli. En los terruños de *El País*, Elvira Lindo y Joaquín Sabina. Estaba en el corazón del periodismo rosa, donde la Preysler y Cayetana hacen su nido. Muy cerquita de Fran Rivera.

Mientras Luis Miguel comía y veía la televisión en una *suite* de lujo excepcional del hotel Villa Magna, yo puse manos a la obra (al rato les cuento con detalle cómo eran los aposentos del cantante). Después de instalarme en el Hotel Victoria ubicado en la Plaza de Santa Ana, lo primero que hice fue dar un paseo cercano y ¡checar las tiendas de discos para ver si estaban bien colocados los de Luis Miguel! (En lugar de visitar el Museo del Prado. Dios me perdone.) Sí, tenían que haber visto mi revisión profesional en El Corte Inglés de la Puerta del Sol. A veces tengo bonitas iniciativas de periodista con ilusión. Por cierto, estuve a punto de decirles: "A nombre de México y de Luis Miguel, les agradezco el apoyo" porque para donde voltearas había imágenes del cantante o de *Romances*.

Era la primera vez que Luis Miguel daría conciertos en España, antes sólo había hecho giras promocionales, muy exitosas y con cientos de fans esperándolo en todas partes, pero promoción al fin. Por eso, ese viaje fue tan especial. Aunque tampoco hay que olvidar que en el 92 cantó en la Expo Sevilla. Ese *show* fue lo máximo (me acuerdo perfecto porque ¡lo tengo grabado!).

Y ahí estaba yo ¡en Europa!, con el mejor cantante en español del mundo. ¡Un viaje exótico! No podía pedir más. Bueno, más viáticos no hubieran estado mal para disfrutar de esas cosas reconfortantes y felices de la vida que sí tienen precio. Un Mercedes Benz nos recogió a Adriana Riveramelo y a mí para llevarnos al Casino de Madrid donde Luis Miguel ofrecería una conferencia de prensa con medios de todo el planeta (lo juro, había de todo, iba a decir hasta *chinos*, pero me dio miedo que sonara racista o algo así).

Pues allá vamos. No sin antes ver la exposición fotográfica de Manolete en el bar del *lobby* del Victoria. Tengo tanta suerte que hasta me hospedaron en el hotel de los toreros. Creo que ni dormí por pensar que por esas habitaciones deambuló Manuel Rodríguez en alguna época y que, actualmente, José Tomás subía y bajaba por las mismas escaleras que yo, porque tenía fobia a los elevadores.

Destino, la calle de Alcalá. Como diría Miguel Mora, un periodista del diario *El País*, "allí no iba a llegar un cantante normal, ni siquiera un divo. Lo que iba a llegar allí era un dios. Rubio, bajito, de sonrisa medio angelical, medio perversa. Pero un dios al fin y al cabo".

Yo agregaría "el dios… ¡de los policías!" Porque había tres camiones grandes, llenos de vigilantes del orden, estacionados afuera del casino y resguardando la zona. Por supuesto, había muchas fans, caza autógrafos y curiosos. Ahí, en la banqueta conocí a una fan boliviana que era una acosadora como Dios manda, supongo que trabajaba poco porque presumía a gritos: "¡Ayer toqué al príncipe Felipe! Lo toqué, lo toqué!" No la juzgué porque entiendo la felicidad que causan algunos tocamientos en la vida.

Después de cincuenta minutos de espera apareció Luis Miguel y se armó el gritadero. Yo aplaudí y hasta grité: "¡Bravooooooo!" como posesa porque, además de que lo quiero como persona y lo admiro como artista, ahí me enteré de que hasta ese día, 29 de abril del 98, había vendido más de treinta millones de discos. Y esas cosas hay que celebrarlas (ya ustedes me irán diciendo si exagero, pero…)

Esa noche dijo que le gustaba tanto España que posiblemente se quedaría a vivir allá, que no se había casado (vivía la era Daisy Fuentes, primera parte), que prefería trascender cantando en español, que su secreto era trabajar, ser de verdad, hacer las cosas con las que se identificaba, ser auténtico, y que le gustaba ser un mexicano que lleva una imagen positiva y un mensaje de amor y armonía entre la gente por donde quiera que va (es que le preguntaron que si se sentía un embajador de México en el mundo).

Yo pasé toda la conferencia levantando la mano para preguntar, así que cuando al fin me pasaron el micrófono, me solté largo y tendido. "Tu carrera es perfecta y siempre musicalmente alcanzas las metas o las superas… digo ¡yo te conozco! Pero ¿cómo te imaginas tú en unos años? ¿Como te gustaría que fuera tu vida? Con hijitos sin hijitos, siempre cantando, a lo mejor tirado en una hamaca, qué sé yo… ¿Te has imaginado en veinte o treinta años?" ¡Todo eso! (Estudiantes de Comunicación: sepan que ¡eso no se hace! Las preguntas al grano.)

—¡Marthita! —me saludó, detalle que me alegra y siempre le agradezco—. Pues sabes que como he ido creciendo y he evolucionado como hombre las necesidades van cambiando. No podría decir que ahora pienso en tener familia y tener hijos, pero yo no dudo que ese sentimiento surja en algunos años. No sé en cuántos, pero no dudo que nazca la ilusión de hacer algo así. A mí me encantaría porque soy un amante de los niños, ¡me encantan los bebés!... Yo disfruté mucho de mi infancia, a mi manera ¿no? Trabajando. Pero disfruto mucho del calor de la familia, que a mí me faltó un poco. Y no descarto la posibilidad. Pero de momento estoy tan dedicado a mi carrera, tan de lleno en la música que por ahora no puedo asegurártelo. Pero vamos a ver qué pasa, según vayan pasando los años...

El día siguiente, mientras Luis Miguel descansaba cuerpo y voz para el primer concierto, yo aproveché para tomar fotos en la Plaza de Toros de Las Ventas, que moría por conocer, y para cumplir con encargos de todos tamaños. Unos me encargaron postales, otros y otras, principalmente, que le entregara a Luis Miguel sus cartitas, poemas, peluches y regalos y los más encajosos (mis ex compañeros de Deportes en TVAzteca) que por favor les grabara un saludo de Emilio Butragueño en las instalaciones del Real Madrid. Ya qué.

Dado que el ajetreo y la plática con los futbolistas famosos da mucha hambre, esa noche cené con mi amigo Rafa Herrerías en Casa Lucio, un restaurante de toda la vida en el Madrid viejo, cuya especialidad son las papas fritas con huevo (¿qué quieren que les diga?) llamados "huevos rotos". Me dije: "Mi Martha, lo engordado esta noche ya lo quemarás bailando mañana en el concierto... y vénganos la cena, el pan, el vino tinto y los orujos", que son fuertes pero aflojan.

En la mesa de junto estaban la hija de Chaplin, Geraldine —que sí habla y perfecto español porque fue pareja de Carlos

Saura y tuvo un marido chileno– y el actor favorito de Laura, mi hermana menor, Dennis Quaid. ¡Qué hombre tan guapo!

Tarde de viernes. Yo quería ver a Luis Miguel. ¡Siempre quiero verlo! (Desde principios de los noventa.) Así que me puse para la ocasión un saco café que sinceramente no combinaba con lo demás, pero cubría casi todas las imperfecciones corporales y corrí al lugar del concierto, un teatro chico en la banqueta frente al estadio Santiago Bernabeu. La casa del Real Madrid. La cuna de Iker Casillas.

El Palacio de Congresos de Madrid tiene un auditorio, donde caben exactamente 1909 personas. Para mi gusto le faltan butacas y le sobra *lobby*, pero ahí siempre suceden cosas para recordar. Yo lo he pisado tres veces. Las dos primeras en la gira *Romances* y la otra, días antes de la Boda Real de los príncipes de Asturias, porque ahí entregaban las acreditaciones.

Antes de entrar, en la plaza Joan Miró, hice algunas entrevistas con las fans sobre Luis Miguel y su música. Cuando les pregunté qué preferían si boleros o pop, una de ellas gritó: "¡Luis Miguel canta hermoso lo que sea… ¡hasta la tabla de multiplicar!" Jajaja. Amo el sentido del humor de los españoles.

Adentro no me podía quejar. Un asiento en primera fila. Además, a sólo metro y medio del escenario, tan bajito que podías tocar al cantante con sólo estirar el brazo (incluyo foto como evidencia). Cuando Luis Miguel salió, el rugido fue impresionante y todos nos dispusimos a disfrutarlo en grande. Incluso había quien parecía que estaba recibiendo la bendición del Santo Padre o algo así, porque se quedaban como hipnotizados. "Con que esto es la Madre Patria", pensé. El público estaba entregadísimo, apasionado y muy respetuoso. Aunque supongo que, por si las moscas, Big Daddy, el guardaespaldas gigante de Luis Miguel, estuvo casi todo el tiempo detrás de él, como si fuera un corista listo para hacer dueto con el *boss*. Yo dije: "En un momento dado, se suelta cantando y bailando, '...cómo es posible que a mi lado (a mi ladoooo), has encontrado otro querer...'," al fin que una voz afroamericana siempre se agradece.

Entre el "respetable" descubrí caras que, sólo había visto por la tele o en las revistas del corazón. Lolita Flores, Joaquín Cortes (¡uy que chaparrito es!), Emilio Aragón y Lydia Bosch (¡quiero ser como ella!) de *El Gran Juego de la Oca*, Bibi Anderson y el gran, gran, Juan Carlos Calderón, compositor de las mejores canciones de Micky: "La incondicional", "Hoy el aire huele a ti", "Entrégate", "Más", "Un hombre busca una mujer", "Culpable o no", "Amarte es un placer", "Fría como el viento" y mi consentida "Tengo todo excepto a ti".

Soy de las que creen que hay cosas que te suceden en la vida básicamente para que las cuentes. Juro que no soy una maldita presumida, pero a medio concierto, Luis Miguel me pidió que me acercara al escenario, me dio un beso y me dijo: "Gracias por estar aquí." Yo le contesté un "¡gracias, a ti Micky!", que me salió de lo profundo. Estaba en España por su culpa. Bendita culpa.

El concierto fue "digno de contar algún día en un libro", medité seriamente. Esa noche Luis Miguel parecía una bala de adrenalina. La voz. La energía. El estilo. La entrega. Y los admiradores de lujo, enloquecidos. Creo que esa noche, todos flotamos un poquito del suelo.

Al día siguiente, después del segundo concierto, caminé bajo la lluvia para llegar a su hotel. No por romántica y soñadora, sino porque todos los taxis del mundo se ponen nerviosos cuando cae agua del cielo y no se detienen cuando los llamas (como si la tontería viniera deshidratada y se activara con unas gotas). Tras la larga caminata tipo *París, Texas*, llegué hasta la *suite* real (la que les debía) del hotel Villa Magna y llamé a la puerta. El que apareció fue el guardaespaldas, enorme pero sonriente —al que me gustaría lanzar uno de estos días como cantante— y me pidió que esperara un poco para ver al artista. El señor al que bauticé como "Anthony" aprovechó para contarme su vida. Digo que yo le puse ese nombre porque cada vez que le contaba a alguien, las fans, por ejemplo, que "estuve platicando con Anthony", todos preguntaban: "¿Con quién? No se llama así." Jaja.

Yo me equivoco con los nombres a cada rato, porque soy muy despistada para eso y porque hay días en que el inglés me suena a ruso y entiendo la mitad. Pues sabrá Dios quién era, pero mi "Anthony" me hizo muy divertida la espera. Le pregunté a "Anthony" cómo se sentía en España y qué tal le iba trabajando con Micky, a lo que me contestó que todo muy bien, pero que pronto cambiaría de empleo porque quería pasar más tiempo con su pequeña hija, ¡una niñita hermosa! Y como él sacó de la cartera fotos de su hija, yo hice lo mismo y le presumí a Alex, que pronto cumpliría dos años. Mientras nos reíamos y comparábamos hijos, le dije que no debería abandonar a Luis Miguel porque de seguro se iba a aburrir, pero él me contestó que tenía mucho trabajo como papá y que le gustaría entregarse sin horarios. "¡Felicidades! Que te vaya muy bien", le contesté. Y luego cambié de tema porque ése ya se había agotado. Fue entonces cuando me enteré de que Anthony era el único, el original y el auténtico ¡*The bodyguard*!, el de la película pero en la vida real. O sea que el personaje de Kevin Costner estaba basado en él, pero sin la parte de los besos, creo. Me confesó que antes de estar con el cantante mexicano se encargaba de la seguridad de Whitney Houston. ¡Ay, si el pobre hombre supiera que quince años después de nuestra charla su ex jefa querida moriría ahogada en la bañera!, pero como diría mi madre: "Esas son cosas que uno nunca adivina."

Por fin se abrió la puerta de la mejor *suite* del Villa Magna que es como para quedarse a vivir, porque está de lujo y cabemos todos. Tiene un salón grandioso con piano de cola, comedor, cocina, dos habitaciones, despacho privado, baño turco, terraza, vistas impresionantes de la Calle Serrano y el Paseo de la Castellana y seis teléfonos. Si supieran lo poco que utiliza el teléfono Luis Miguel... Pues eso, se abrió la puerta de aquel palacete y Alejandro Asensi, ex gran amigo, ex mánager, me invitó a pasar.

La imagen que vi fue muy difícil de creer: Luis Miguel cantando al piano... "No sé tú, pero yo no dejo de pensar, ni un minuto me logro despojar, de tus besos, tus abrazos, de lo bien que la pasamos la otra vezzzz..."

–¿Cómo estás? ¡Enhorabuena por los conciertos! ¡Qué maravilla! (hay momentos en los que me abandona la elocuencia).

–¡Muy bien, Marthita, qué gusto verte! ¿Te gustaron los conciertos?

–¡Sí, me encantaron! ¡El de ayer fue increíble!... ¿Qué haces?

–¡Ensayando un poquito!

–"No sé tú." ¿En serio? ¿Cuántas veces la habrás cantado en la vida? ¿Quinientas? (también hay ratos en los que me abandona la sensibilidad).

–¡Muchísimas! Pero la voy a cantar en los premios de Mónaco y no me quiero equivocar...

¿Qué tal, eh? Además con la magia de este libro puedo contarles algo, que en ese minuto no había ocurrido pero que ahora ya sé. Y es que el asombroso ensayo del que fui testigo cumplió su cometido. El miércoles 6 de mayo, cuatro días después de nuestro encuentro, Luis Miguel cantó increíble "No sé tú" y recibió un premio en los World Music Awards de

Montecarlo, acto elegantísimo presidido por Alberto de Mónaco. Luego, ahí se reunió con Daisy Fuentes (¡amo a Daisy!) y regresó a España para terminar el *tour*.

Platicamos, nos reímos, bebimos champaña con fresas ("para evitar la acidez", aconseja Luis Miguel) y nos despedimos con un abrazo grande. Yo pensaba: "¿Dónde será nuestro próximo encuentro?"

A punto de subirme al avión que me llevaría de regreso a México, escuché las confesiones que hacía Luis Miguel en una entrevista radiofónica con la Cadena Dial... "Cantar para mí es un desahogo muy grande. Tengo muchas cosas personales que me han ido afectando a lo largo de mi vida, situaciones que, bueno, he tenido una vida muy intensa. Por eso no soy una persona que habla mucho de ella. Y muchas de esas dolencias o esas frustraciones o esas situaciones que me han hecho sentir mal, las desahogo a través de mi interpretación y de cantar. Cuando no estoy cantando, no me siento bien físicamente. Ahí en el escenario desahogo muchas cosas y me retroalimento muchísimo con la reacción de la gente. Es una especie de ritual. Muy fuerte. Que necesito, que me ayuda a ser una persona más amable... Para muchos, mi vida es completamente extraña, pero realmente para mí es normal, porque me adapté a esto desde chiquito. La fama, el reconocimiento, la admiración, las fans, los escenarios, los discos, forman parte de mi vida como una cosa muy natural. Y bueno, no puedo hacer muchísimas cosas que otras personas hacen todos los días, ¡pero te aseguro que la gran mayoría de las personas no pueden hacer todas las cosas que yo hago todos los días!"

Brindé por eso, por el fabuloso viaje, por los huevos rotos y me dormí. "Total, si ocurre un desastre —pensé— que la azafata sesentona de la cruedad aérea se ponga a trabajar."

Que me cargue.

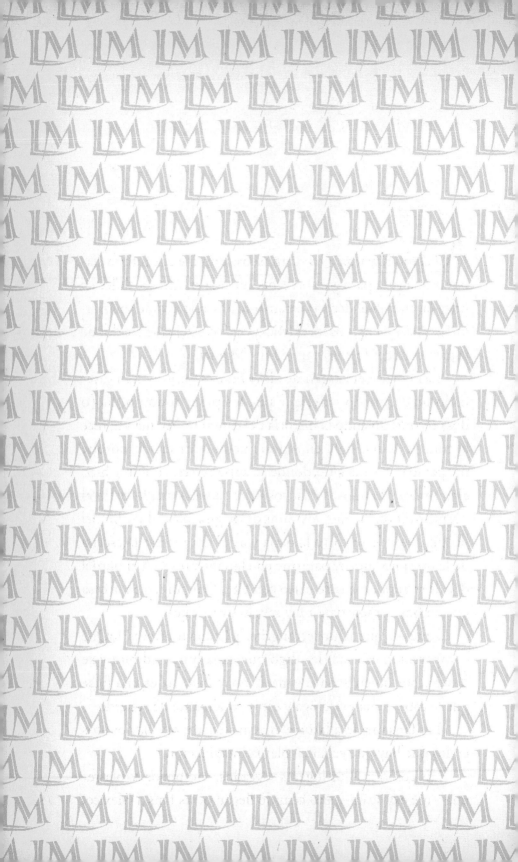

Así como hay una guía de museos, a mí me encantaría elaborar una ruta para gordos, especializada en tacos y chiles en nogada, en la cual decir exactamente en dónde comer más calorías. Así, tal cual, existe el Micky *tour*, consejos sobre dónde ir para conocer lo esencial de Luis Miguel.

Las fans se encargan de alimentar ese mito y han diseñado un recorrido en el que puedes pasar todo un día (o dos) reconstruyendo la historia del cantante. Yo una vez hice la ruta de Van Gogh, en Arles. Fue muy divertido porque me paraba en cada sitio donde se supone que el pintor hizo alguno de sus famosos cuadros y me tomaba una foto. En el *Terrasse du café le soir*, los campos de girasoles, el jardín del hospital donde se cortó la oreja y así. Para recrear la escena de la oreja no supe si pararme en el manicomio, en el burdel donde se supone que se peleó con Paul Gauguin, o en la casa que ambos compartían. Hay muchas versiones.

Antes de que algún lector grite: "¡¿Cómo te atreves?! ¿Qué comparación es ésa?", les digo que cada quien admira y se desvive por quien le da la gana. Y no lo digo yo, es una frase que le robé a una psicóloga y estoy totalmente de acuerdo.

Las fans me detallaron el mapa; advierto que hay puntos en los que hay que echar a volar la imaginación.

"Es como ir a los lugares sagrados, a lo mejor es blasfemia —me explican— pero cuando llegan otras fans a México, las llevamos. Y cuando nosotras vamos a sus terrenos, hacen lo mismo: mira, aquí se tomó un café o ahí se asomó por el balcón. Y entonces se vuelven lugares de culto. Bueno, hasta al Premier —o donde era— que ya está cayéndose hay que ir, porque allí actuaba. Por ejemplo, todos soñaban con ir a su casa en Acapulco. Ahora ya se nos distanció de ahí, pero ¡hemos repartido conchitas de su playa por todo el mundo!"

El punto de partida es el primer departamento de soltero de Luis Miguel en Polanco. Un *penthouse* en la calle Monte Elbruz, justo enfrente de un Starbuck's (¡a buena hora lo pusieron! Yo habría sido una clientaza). En esa zona habitan, básicamente, judíos y hay un corporativo cervecero súper importante. Ese departamento no era nada moderno, estaba decorado… ¡retro! Como adelanté en el primer capítulo ahí le hice unas entrevistas (en el 87, tirándole al 88). Me acuerdo perfecto que mi largo cuestionario incluía la profundísima pregunta: "¿Cuál es tu comida favorita?", y él contestó sin dudar: "¡Tacos de pollo y agua de limón!" Los clásicos que siempre pasan a la historia.

Yo juré que me contestaría otra cosa. Como el día que leí en una revista extranjera que el platillo favorito de Luis Miguel eran los huevos de tortuga crudos y batidos, y las angulas a la bilbaína. Uy, qué exótico suena eso. Siempre he pensado que conocer los hábitos alimenticios es conocer a la persona ¿no? ¡Me declaro todo un caso!

Pero, más que un comedor de cosas resbalosas, yo recuerdo a Micky cenando pescado a la sal, un cevichito, pan de elote y un puré de camote. Ah, y oporto. O-p-o-r-t-o…

En Tecamachalco está la primera oficina de Luis Miguel, aunque el verdadero centro de peregrinaje de las fans es el edificio "Aries", donde el cantante podía llegar en helicóptero a despachar sus asuntos. Ésa fue una de las primeras oficinas inteligentes en México, sobre la avenida Palmas, era una maravilla. En la entrada había un letrero con las bondades del lugar, lo describían como "inmueble funcional y eficiente, con seguridad 24 horas y planta de energía eléctrica". ¡Yo lo que no olvido es que en esa esquina hay un restaurante de hot cakes! (con plátano, fresas, crema batida y tocino) y el *steak house* internacional Morton's, en el que conviven millonarios, cazadoras, hombres de negocios, mujeres guapas y amigotes. Por no dejar, les digo que el puré de papá es realmente espectacular.

¡Volvamos a "Aries"! Estaba en el piso veinte, creo, y cuando salías del elevador las puertas de la oficina se abrían automáticamente para recibir al visitante. La hospitalidad del Sol. Lo primero que veías al entrar al vestíbulo era un logotipo enorme con el signo del zodiaco para los nacidos entre el 21 de marzo y el 20 de abril, que brillaba en el piso de mármol. El mismo que aparecía en el álbum *Aries* (que incluía temazos como "Suave", "Me niego a estar solo", "Pensar en ti" y "Hasta que me olvides"). Una vez adentro, todo era discos de oro colgados en las paredes, premios y tecnología de punta. Una cosa muy divertida, porque gracias a los sensores de movimiento podías prender y apagar las luces con un aplauso. Lo mismo aplicaba para prender el "estéreo" (con palabras como ésas te calculan la edad) o para abrir y cerrar puertas.

En esa oficina se cerraron tratos importantes en la carrera de Luis Miguel, como la Estrella en el Paseo de la Fama de Hollywood, el Grammy al Mejor Cantante Latino por su álbum *Segundo Romance*, la invitación para participar en el Homenaje a Frank Sinatra o la grabación de "Sueña", el tema musical de la película de Disney *El jorobado de Notre Dame*. Ahí tuve una junta con su mánager Mauricio Abaroa, pero no me acuerdo muy bien para qué. Creo que estaba distraída fijándome en los pequeños detalles de aquel lugar tan inteligente. Tan astuto. Tan sagaz.

Otro lugar súper visitado por las fans para la foto del recuerdo es el Auditorio Nacional, sin el que la carrera de Luis Miguel no sería la misma. Tiene el récord de 203 conciertos y debo admitir, queridos lectores, que habré visto —aproximadamente— veinticinco de esos. Ha sido también el templo del romance excepcional entre Micky y sus fans. Cada año, cuando empieza la temporada de conciertos, arranca también la competencia: "¿En qué fila estabas?, ¿te dió la mano?, ¿flor?, ¿cuántas veces lo has visto?" Para los seguidores más fieles ¡es como ir a los Juegos Olímpicos! No se rían. Es una cuestión de entrega, disciplina y voluntad férrea. Ya sabes que cada año o dos en el Auditorio podrás encontrar a uno de los hombres más escurridizos. Ahí lo ves. Fijo. Cantando espléndido.

Si hay algo que me gusta en la vida son los museos de cera, supongo que por el punto macabro que tienen. Siempre que entro a uno me da por pensar que en las noches las figuras cobran vida y conviven (jaja), como en la película de Ben Stiller. Si te gusta Luis Miguel y no has podido tomarte una foto con él, no te preocupes, acude al Museo de Cera de la Ciudad de México. ¡Aunque la figura se parece más a Emmanuel mezclado con Juan Gabriel! Alguna vez alguien que trabajaba ahí me invitó al taller, para que les diera mi opinión sobre la estatua del intérprete de "Palabra de honor". En realidad sólo tenían un par de cabezas cafés que parecían de chocolate pero eran de plastilina, que había hecho el escultor estrella del museo. Sinceramente, en una se parecía a Juan Ga, aunque ellos juraban que la imagen era igualita a la portada del disco *Amarte es un placer*. Era un intento de Luis Miguel con labios extra gruesos. En la otra, que era mucho mejor, tenía huequito entre los dientes y un rizo en la frente como Superman. Yo creo que en el museo reciclan las figuras por una cuestión de popularidad y presupuesto, es ahí donde adquieren apariencia rara. Eso sí, un tributo es un tributo.

La siguiente escala del *tour* es el Centro de Espectáculos Premier. Ése era el sitio natural para sus conciertos, además ahí se grabaron *shows* de televisión a los que asistió el cantante antes de abandonar para siempre los foros. Eso sí, al llegar a este punto de la ruta, hay que tomarlo por el lado amable porque ya está casi en ruinas y si ya están en el sur de la Ciudad de México, ¡enfílense hacia Acapulco! Allá encontrarán un par de refugios importantes, donde las fans se dan vuelo. Yo pondría en el folleto turístico: "No necesitas ser montaña para estar cerca del Sol…" (Lunch opcional con cargo extra. No olvides tu cámara.)

La primera casa que Micky compró en el puerto está en el fraccionamiento Las Brisas, donde tenía como vecinos a Plácido Domingo y a la familia de Jaime Camil. Nunca entré a la mansión del cantante, pero sí un par de veces a la residencia Camil. Una vez, mientras todos se quedaban sin respiración admirando la vista a la bahía, yo me quedaba sin aire con otro hallazgo: había fotos de la familia con la celebridad que me pidan. La siempre buena Madre Teresa de Calcuta, ex presidentes de aquí y de allá, Julio Iglesias… Y luego una pared de la sala dedicada a los premios de Micky (su vecino, buen amigo y casi parte de la familia). Ahí estaba yo, sumándome al homenaje, cuando descubrí que alguien había pegado un chicle en toda la nariz de Luis Miguel en uno de sus discos de Oro. Por supuesto, les pregunté a los anfitriones: "¿Quién fue? ¿Por?", pero no le dieron importancia al asunto. A mi modo de ver, una falta gorda de sensibilidad a los logros ajenos (oigan, con lo que cuesta ganarse un premio de esos). Si tuviera que dar una opinión calificada de la situación del chicle, concluiría que tenía semanas o meses ahí. Duro como piedra.

Sigamos, que falta lo mejor. De ahí, el recorrido lleva a la casa de Luis Miguel en Tres vidas, todo un referente, a la orilla del mar. Antes podían haber filmado ahí *La laguna azul 3*, porque era la única casa de la zona, una espectacular playa desierta. Ahora, hay dos mil vecinos o más. Fanáticos y no tanto, reporteros y curiosos, observadores de todas las edades se acercaban al palacete para ver al ídolo. En teoría era muy fácil. Porque según la leyenda, todos los días Luis Miguel paseaba a caballo, se subía a las palmeras a bajar cocos, visitaba las fondas marinas cercanas en busca de quesadillas de cazón o jugaba a bordo de sus motos acuáticas.

Una vez me encontré una carta en la que una fan le cuenta a otra (son Martha y Lucy):

Micky había puesto un merendero a la orilla, pero lo tuvo que quitar pues estaba tan cerca de la playa que no podía sentarse a comer sin ser presa de los visitantes que pululan por ahí. Sus camastros se encuentran muy cerca de la barda y si tienes la suerte de coincidir con su estancia en el lugar, lo puedes ver fácilmente tomando sol con su coquito o leyendo el periódico. Lo que es un espectáculo es verlo llegar en el yate. Se ancla lejos, ya que el mar es muy bajo en esa zona, y salen sus guardias a llevarle las motos de agua, es todo un cortejo el que se realiza para esta operación. Micky gusta de saltar las olas a toda velocidad y te encantas viéndolo brincar y dar vueltas mientras se decide a llegar a la orilla. También lo puedes ver sentado en la bardita balanceando los pies como chiquillo travieso. Yo lo he visto varias veces así, sonriendo al que pasa y encantado tomando agua de su termo. A veces juega volibol con sus amigos y con sus guardias. Platica con los pescadores y todos lo quieren porque dicen que es muy amable y bromista. Otro espectáculo es verlo llegar en helicóptero, de pronto ves cómo baja al jardín.

Otro "santuario" y la visita nocturna obligada es el Baby'O, donde Luis Miguel ha vivido mil historias. Amores, desamores, broncas, risas y tremendas madrugadas. Yo me lo he encontrado ahí un par de veces y también en el Baby ¡he visto a Cristian Castro bailar las de Luis Miguel, animoso, animoso!

Acapulco es gloria bendita. Pero tenemos que regresar al D.F. porque hay un nuevo punto de interés en la guía luismiguelesca. De un tiempo para acá, exactamente seis años, las fans son asiduas al Museo Nacional de Arte, sede del lanzamiento del álbum *México en la piel*. Les da lo mismo el arte mexicano o el internacional comprendido entre el siglo XVI y la primera mitad del XX, pero es un espacio casi mágico porque entre esos muros su ídolo las consintió una noche. Las invitó a la presentación del disco y luego departió con ellas en un saloncito privado con beso, abrazo, autógrafo y foto grupal incluida (previo cateo para que no hicieran trampa con cámaras individuales).

Una de las fans afortunadas le telefoneó a las de afuera y les dijo que estaban con Luis Miguel. Obviamente no le creyeron. Así que Micky en un arranque insólito tomó el teléfono y les dijo: "Mis reinas, voy a saludarlas ahora mismo allá afuera, ¡espérenme!" Y lo hizo. Es por eso que veneran el Munal. Lejos de explicar a las colegas extranjeras: "Esta es la estatua ecuestre de Carlos IV, mejor conocida como 'El Caballito'", recuerdan: "Justo aquí, es donde Micky se paró a saludarnos."

Y ya le echaron el ojo a Bellas Artes. Que yo digo que si Chavela Vargas celebró ahí su cumpleaños 93, Luis Miguel podría festejar sus 50. Cosas que se me ocurren.

I LOVE NEW YORK

(O POR DEBAJO DE LA MESA...)

You are cordially invited to an evening with international
superstar recording artist LUIS MIGUEL *to help*
celebrate the launch of his latest album ROMANCES. *A*
transcendent collection of boleros: Classic Melodies of love.
When: Monday, August 11th, 1997.
Where: The Rainbow Room
30 Rockefeller Center
New York, NY.

¡Yeah, voy a conocer Nueva York! "Cascada de luz, te quiero alcanzar, llegar a ser parte de ti, New York, New York…", me puse a cantar la versión de José José porque la de Sinatra está más difícil (*Start spreadin' the news, I'm leavin' today…*)

No quiero sonar como una periodista básicamente local. O como una reportera sin sellos en el pasaporte pero otra vez gracias a Luis Miguel tuve actividad internacional. Como ven, me invitaron al lanzamiento de *Romances* y a ver antes que nadie el video "Por debajo de la mesa". Yo acepté encantada sin saber que la disquera me tenía una sorpresa de esas que te cambian el futuro en un segundo (y llenan tu "campo magnético" de envidias).

"Mi vida es perfecta. No hay nada mejor que alguien acaricie tu rodilla y beba sorbo a sorbo tu mirada angelical", pensé. "Y además ¡voy a faltar al programa!" Mi problema más serio del viaje fue que casi muero de claustrofobia en el túnel Holland. Fue entrar y decir: "Yo conozco este lugar, ¡aquí se quedó atrapado Sylvester Stallone en *Daylight*!" Perdón, pero soy de las que se creen todos los inventos de Hollywood. Eso sí, una vez en Manhattan todo fue dicha y felicidad.

Ya instalados, los de la disquera nos invitaron a cenar. Iban Esteban Arce, "el Burro" VanRankin y otros. Después del útimo taco chino de lechuga me arrinconaron y me anunciaron en privado: "Luis Miguel te va a dar la única entrevista para México." "¡¿En serio?!"…"¡Santo Dios!"… "¡Qué maravilla!"… "¡Gracias!" Todo eso les contesté.

"No le digas a nadie", me pidieron. Y ahí me tienen guardando el secreto como una tumba. Según yo, con cara de desenfado, pero en realidad tenía la quijada trabada de la emoción y los ojos saltones como si hubiera presenciado un crimen. Creo que era mi cuarta entrevista con él, pero la primera en televisión. Llegó en un momento clave para mí, porque necesitaba apoyo ya que me querían quitar de *Ventaneando* por celos (háganme el favor, celos como si fuera una relación de pareja). Y para Luis Miguel, porque venía de un paréntesis peliagudo entre un disco y otro. Por supuesto, hay niveles y la que estaba literalmente en el hoyo era yo.

Cuando entré al 30 Rock me temblaban las piernas. Pero al llegar al piso 65, se me heló la sangre. ¿Yo en el Rainbow Room? ¿La única entrevista mexicana? Cuando estoy nerviosa, reacciono lento, no sabía qué preguntarle a Micky después de tantos años. Sólo disponía de diez minutos para platicar con él y no podía meterme en intimidades. Tampoco quería que me dijera lo mismo que a todo el mundo en la conferencia de prensa. "¿Y si las preguntas son malísimas y se arrepiente de haberme escogido? ¡No, Dios, no lo permitas! (imploraba a las alturas). Mis colegas son una punta de malditos ý me van a acabar."

Empezó la conferencia y cuando Luis Miguel interrumpió la sesión para saludarme: "¡Hola, Marthita! ¿Cómo estás?", mi cara pasó del susto a la risilla burlona de: "A ver, ¿quién es la reina? ¿Quién?" (disculpen queridos lectores, pero eran mis siete minutos de gloria). Ya ven que dicen que todo lo que él toca florece (ja, soy una cursi de clóset).

Acostumbrados a mis preguntas de siempre, todos me decían: "¿Hoy no le vas a preguntar nada?" Y yo: "No, hoy no tengo ganas…" Cuando terminó el encuentro con la prensa de todo el mundo y Micky se fue, tuve que hacerme la turista por un buen rato y esperar luz verde para el encuentro secreto. Primero me acomodaron en un pasillo, luego en un cuartito y, al fin, me sentaron en una salita donde a los dos minutos apareció el máximo ídolo de la música en español. ¡VSQGE! (¡Virgen Santa Qué Guapo Es!)

—¡¿Cómo estás Marthita?!

—¡Muy bien! ¿Túuuuuuu? Gracias por la entrevista.

—Al contrario. Siempre me apoyas. Estoy muy bien, traigo mucha energía que necesito sacar… (él con tanta pila y yo con tanta imaginación).

—Empecemos por… (dije).

—¿El principio? —me interrumpió Luis Miguel y se rió.

—Tú sabes que estoy muy contenta de estar (este día especialmente) contigo. Gracias por tener tiempo para nosotros (¿por qué le dije eso?). ¿En qué momento de tu vida llega *Romances*?

—Llega en un momento especial porque he cambiado muchísimo. También hay nueva administración en mi carrera, gente muy profesional. Tengo una gran esperanza de que todo llegue a funcionar como lo tengo previsto. Lo más importante para mí es el público, la gente. Por eso el espacio de tiempo que me he tomado. Este disco ha llegado muy a tiempo para volverme a encontrar con los boleros. Creo que es un gran disco, muy romántico, que va a gustar. Y como dije en la conferencia de prensa, es un disco para sentarse, a la luz de las velas, con alguien que realmente quieras mucho y para disfrutar el álbum de principio a fin. Cada canción está pensada para un momento muy especial.

(Ay, si Micky supiera que lo hice, lo de las velas, su disco, la cena, el ser querido, ¡quince años después! Hace poquito, el día que cumplí cuarenta y seis).

—¿De dónde viene el gusto por los boleros?

—Los boleros siempre han estado conmigo desde muy niño. Por mis padres o los amigos de mis padres, la relación con ese tipo de música es muy estrecha. Por eso creo que los boleros me salen con tal naturalidad. La mayoría no me hace falta ni estudiarlos. Donde cuesta más trabajo es cuando estás cantando esos temas que son conocidos desde hace veinte años y meterle nuevos boleros que se hicieron en el 96 como "Por debajo de la mesa" o "Contigo", o canciones que no estaban hechas en bolero. Un tango como "El día que me quieras" o "Uno", por ejemplo. La mezcla de eso es delicada, pero no quise perder el mismo sabor, el sabor del bolero.

—¿Cómo preparas tus discos? ¡Son perfectos! El que sigue más que el anterior. Te superas en cada producción…

—Te agradezco que me digas esto, porque a mí me cuesta mucho trabajo que me lleguen las cosas al corazón. Cuando estás produciendo, cantando o haciendo algo que es arte o música, son cosas que no puedes medir, nada más las puedes sentir. Por más que los procesos sean tediosos o largos, cuando tienes que soltar el disco y dejar que la gente lo oiga, lo haces con la esperanza de que les llegue de la misma manera como te llegó a ti. Es en realidad mi única fórmula o secreto. Eso y rodearte de gente con mucha calidad, los mejores, para que te aporten lo que tú necesitas. Sobre todo para el cantante. Cuando me pongo en el papel de productor tengo que cuidar al cantante, que también soy yo. Estar rodeado de lo que necesito, para interpretar.

—¿Eres consciente de tus logros o ya perdiste la capacidad de asombro?

—Yo estoy muy consciente de que mi compromiso cada vez es mayor. A pesar de que cuando tenía diecisiete o dieciocho años tuve la oportunidad de dejar esta carrera, sencillamente opté por quedarme con ella y aceptar sus pros y contras. Pero ya no cambio por nada a mi público, a mi gente. Estoy muy entregado, estoy casado con ellos, estoy casado con mi música y mi público. Quiero cuidar mucho mi carrera, a tal grado que a los 50, 60 o 70 años, lo que Dios decida, pueda mantenerme vigente y mantener una carrera muy digna, de respeto y admiración.

¿Oyeron lectores queridos? ¡Es nuestro marido! Yo sí me lo llevaría a mi casa. O mejor, aún, me instalaría en su hogar del pintoresco pueblecillo de Bel Air.

—¿Te siguen emocionando las giras, los conciertos?

—Sí, cómo no. Me sigue encantando y me sigo poniendo nervioso. Yo pensé que algún día iba a llegar y no iba a sentir esas hormiguitas, las que sientes al entrar a un escenario. Pero sigo sintiendo exactamente lo mismo. Es que cada día es nuevo. Adquieres más experiencia y madurez, pero todo es nuevo. La gente que te va a ver no es la misma y esperan cosas distintas de ti. Es un compromiso muy grande, es una responsabilidad muy grande, pero yo la adopto con naturalidad. Quiero que la gente vea que soy un ser humano también, que trato de hacerlos pasar un momento agradable y hacerlos vivir ciertas fantasías, ¡porque todos necesitamos vivir fantasías!

—¿Cuáles son tus logros más importantes?

—Yo creo que el primero es haber sobrevivido a muchas etapas muy difíciles, por mi entorno, por la misma profesión, por todo. El segundo es haber rescatado a gente que he querido muchísimo, que quiero muchísimo, como mis hermanos.

El tercero es estar con salud, estar muy contento y con ganas de vivir. Seguir transmitiéndole a la gente lo que siento y lo que pienso. Básicamente es eso. Hay muchas cosas más, pero si tuviera que reducirlo a tres, serían esas.

—¿Qué le falta a tu carrera?

—Soy un perfeccionista y eso me provoca muchos dolores de cabeza (risas). Entonces trato de que las cosas siempre me funcionen y siempre estén bien. Desgraciadamente en mi carrera no soy sólo yo, es mucha gente la que interviene. Pero si pudiera decirte que me siento satisfecho, sí. De lo hecho hasta ahora. Pero creo que hay mucho por hacer. Creo que el español puede llegar a muchas más partes del mundo. Es mi intención, una de las metas que tengo puestas en la cabeza. No en inglés ni en otros idiomas, en español. Estoy satisfecho y espero seguir en esta carrera muchos años más.

—¡Suerte! Muchas gracias…

—¡Gracias! Gracias. (¡Qué sonrisa tiene el hombre!)

Regresé al salón Pegasus y ya no había ni periodistas ni canapés. Así que me fui al hotel dando brinquitos. Como el trabajo de entrevistar celebridades es estresante, con eso caí muerta. A partir de ese momento, no me lo van a creer, me entró la paranoia grado cinco, con escalofrío de nuca y todo. Hagan de cuenta que traía en la mano un lingote de oro. O la Coupe du Monde. Creo que dormí con el video bajo la almohada y no lo solté hasta el día siguiente. Sí, a veces enloquezco.

La entrevista fue un éxito, con envidias y fuertes críticas incluidas. No sé si fue la mejor, pero fue la única. Lo fue por muchos años, hasta que Luis Miguel decidió incluir a muchos entrevistadores mexicanos en su *schedule*. Los años siguientes charló largo y tendido con Javier Alatorre, Joaquín López Dóriga, Adal Ramones y Jacobo Zabludovsky, mi adorado ex jefe de radio. Aunque no sé si a ellos les pasa lo mismo que a mí, no lo de la paranoia nivel cinco, sino la reacción cuando te dicen: "¿A ti te dio una entrevista Luis Miguel?"

"Síííí soy yo."

Lo digo orgullosa; eso me convirtió en la heroína de varios taxistas y de las maestras de kínder de mi hijo, quienes me hicieron repetir el chispeante relato miles de veces (lo que hace una madre porque su retoño se gradúe del jardín de niños).

Todavía soy como esas viejitas cuenta cuentos ("cuando entré al Rainbow Room… ¡ahí estaba él!") y, francamente, ¡lo sigo disfrutando! *I love* NY.

¡FELIZ CUMPLEAÑOS MICKY!

La invitación era una chulada. Prometía cena argentina, pastel, vino Único y show sorpresa. Fue en un *bistrot* con fotos de Carlos Gardel –el Zorzal criollo, el Pájaro cantante de Buenos Aires– que sonreía en un rincón. Parecía impactado con el entusiasmo de las fans de Luis Miguel. Cómo diciendo: "Mirá, yo grabé 'El día que me quieras' 60 años antes y no me hacían fiestas..."

El 19 de abril de 2012, estuve en la fiesta de cumpleaños número 42 de Luis Miguel. Estuvimos todos...¡menos Luis Miguel! Pero fue una noche, como mínimo, interesante y divertida.

Mientras él celebraba muy en cortito, en "petite comité" y discretamente con la señorita Gastineu –que ése día le dio "un extra de amor", según su perfil en Twitter–, en México se armó una tertulia con cara de parranda y 87 invitados. ¡Feliz cumpleaños guapo! ¡Que los cumplas feliz! ¡Salud!

Mientras Micky disfrutaba una cena de gala exquisita, en Los Ángeles, supongo que escuchando al oído: "Oh, Happy Birthday my love...¡cheers!", los fans –y esta escritora– en una bulla multitudinaria, en plena Cuauhtémoc, celebrábamos incluso haciendo trenecito: "Pe pe pepe pepe...zazuera, zazuera... a e i o u... ¡ipselón!...so fla fla maeee...Brasil, la la la la la la la la...eh meu amigo Charlie Brown, Charlie Broooooown... ¡Felicidades Micky!"

¿De dónde salen esas ideas?, le preguntó a mi tocaya Martha Codó, presidenta del Club *Contigo en la distancia*.

Nunca he sabido como son las fans de otros cantantes, pero lo que hacemos nosotras por LM no creo que lo hagan otras fans por nadie. Conozco gente que siguió a Michael Jackson o a Elvis Presley y sé que son grandes admiradores y coleccionistas, pero son individuales. Nosotras somos muchas, y hacemos mucho por él.

En un principio tenía otra idea de ser fan. Era individualista y discreta. Yo antes lanzaba una oración en su cumpleaños y ya, es algo que siempre he hecho, rezar por él. Me nace. Y a veces ¡le mandaba un saludo telepático! Pero nunca se me ocurría salir a comprar un pastel o algo. Conforme empecé a llevarme con las fans, ellas me decían: "Vamos a celebrar el cumple de Luis Miguel", pero yo era todavía de la gente "normal" –jajaja– y decía: "¿Cómo vamos a celebrar si no esta él?"

La primera celebración fue en Acapulco. Vino mi amiga de Perú que se moría por conocer México y porque le diera el "tour" (léase el capítulo El Micky Tour). Fuimos al puerto y llegamos al *Señor Frog's* y les dijimos: "Venimos a celebrar el cumple de Luis Miguel, así que por favor, queremos música suya." Y empezamos a echar porras y a decirle a toda la gente que le cantáramos "Las Mañanitas" Desde esa vez me acostumbré a que cada año hay que hacer una fiesta obligada. Mínimo, un pastel.

Esta vez, en el aniversario 42 había tarta, flores blancas (normalitas, no transgénicas), filetes, vino tinto a "discreción", chocolates, botones de LM para ponerte en la solapa y, de recuerdo, paletas de bombón con la cara de Micky. Por supuesto, su música y videos toda la noche porque quienes somos fans de LM, nunca nos cansamos de escucharlo.

Ya entrada la noche, no podía faltar el golpe maestro, inesperado: en un momento dado fui al baño –para que los riachuelos del Único tomaran su cauce. Cuando entré, ¡un Luis Miguel me dijo: "¿Cómo estássss Marthita?" Yo tuve que elegir entre quedarme y saludarlo –entre vestuario y rosas blancas– y hacer lo que el cuerpo me pedía…¡ganó el baño!

He aquí otra experiencia que sumar a nuestra conexión. De un lado de la puerta, yo intentando hacer lo mío y del otro, la voz que me platicaba como si eso fuera una cafetería y no el *toilette*.

"Qué gussssto verte. ¡Qué flaca!.. Estoy un poco ronco…" bla, bla, bla, bla.

Dicho con el encanto del lenguaje simple: hice pipí mientras Luis Miguel me "susurraba". A ver ¡mátenme ése momento tan íntimo! Jajaja.

En primer lugar, debo admitir que no sé lo que me pasó por la mente en ese momento. Cómo decirles después que yo si era yo, pero él, no era él, sino uno de sus dobles (¡doble con cara de triple!) llamado Luis Antonio Pineda. Un hombre que ha dedicado los últimos doce años a copiar todos los gestos, movimientos y voz de Luis Miguel para vivir. Camina como él, habla como él, canta como él, se ríe como él y trata de pensar como él sólo para decir lo que él diría en un show o en una entrevista…¡Qué fuerte!

El señor Pineda es muy bueno, francamente. Así que el público le aplaudió sin parar y las fans gritamos y cantamos como si fuera el verdadero. Por favor Micky, no te enceles ni te enojes. Era *tu* fiesta y había que celebrarte como Dios manda.

¿No les parece un gesto fuera de este mundo cantar "Las mañanitas", desear parabienes y festejar sin el festejado? Les digo que algo tiene LM que te descoloca…

Cada año las fans acuden a los conciertos de Luis Miguel como van los fieles a misa. Y yo, señores y señoras, pertenezco a ese templo… ¡Las Vegas! ¿Qué lugar no? No ha habido un artista más consentido y ligado a la ciudad de la suerte que Frank Sinatra, desde que debutó en el Desert Inn. Después de él, son pocos los que dejan huella.

Luis Miguel es un gran admirador de Frank Sinatra. Una de sus canciones favoritas es *"You will be my music"* que dice más o menos así: *"You will be my music. You will be my song. You will be my music. I can't wait any longer if I'm wrong…"*

En 1968, Sinatra inauguró el primer gran hotel, el Caesar's Palace. Cada vez que La Voz llegaba a la ciudad, en la marquesina del Palace ponían: "Él está aquí." No era necesario explicar nada más. Con Luis Miguel sucede algo parecido. Cuando la imagen del Latin Crooner, el cantante latino mejor pagado en la historia de Las Vegas, aparece en la famosa marquesina, sus fans aparecen por todas partes.

Luis Miguel se ha presentado en la mejor avenida del salvaje oeste desde 1993, cuando realizó siete conciertos con llenos totales. Por supuesto, no sólo abarrota la sala del Caesar's, sino parte de la ciudad con todos los mexicanos, fans de otros países y jugadores que corren a verlo. Pasan los años y sus conciertos siempre están de moda. Las localidades se agotan rápidamente y siempre conquista al público aunque compita con las grandes producciones, los magos tradicionales, los ilusionistas alucinantes (como Penn and Teller) o los *shows* musicales de todos los géneros.

Eso sí, para ver a Luis Miguel en Las Vegas hay que estar entrenado, lo primero que hay que saber es que saliendo del concierto tienes que reservar avión y hotel ¡para el próximo año! O te quedas fuera. Consejo de fan. Y si quieres entregarle ramos de flores, chocolates, cartas o muñecos de peluche a la mitad del concierto, debes abstenerte porque los hombres de seguridad no te dejan ni dar un paso en falso. Para ellos, después de la brutal experiencia del 11-S cualquier artículo tiene cara de bomba y una carta de amor, podría ser un nido de ántrax.

Lo que recomiendo, si no te quieres ir en blanco y dejarle un recuerdo tuyo, es que le regales, por ejemplo, ropa interior. No es exactamente una demostración de cariño elegante, pero funciona. Lo introduces a la sala puesto, sin levantar sospechas de que eres una mujer intrépida, claro. Cuando cante tu canción favorita, digamos "La chica del bikini azul" (o "Tengo todo excepto a ti", que es preciosa), te lo quitas y se lo avientas en un movimiento ultra rápido.

Hay fans que tienen el don de desconocer el ridículo y eso es algo que ayuda mucho a la hora de seguir a un artista.

V oy volando a nuestra segunda vez en Buenos Aires. De Perú a Argentina. Es que ya volé de México a Lima… ¡Auxilio! Lo mío no son los aviones. Voy rumbo al lugar con la tasa de mortalidad por Luis Miguel más alta del mundo. Las argentinas sí mueren por él. "¡Amamos a Luis Miguel!" "¡Está bárbaro!" "¡Me lo quiero llevar a mi casa!" "¡Sus ojos, su voz!" "¡Y yo me lo comería!", contestaban eufóricas a una encuesta afuera del estadio.

Mientras las argentinas se lo querían devorar, él en su camerino tenía fresas, chocolates, frutillas, jugo de naranja y agua mineral, por si tenía hambre antes del *show*. Y un espejo de 360 grados para verse completito. Sin una arruga. Siempre impecable.

Todo el mundo lo adora en Argentina. Él atraviesa Buenos Aires, en un operativo casi diplomático y ve sin que lo vean.

Mi asiento era el mejor del Vélez, ¡qué belleza!: fila uno, centradito, justo frente al micrófono del cantante. ¡Ah, qué gran estadio! Es la cuna de… ¿de quién? Claro, del Vélez… el campeón del futbol argentino. Yo que no soy deportiva en absoluto, me emociono más con un concierto, que con un partido.

Volteaba y veía a casi noventa mil enloquecidos por nuestro cantante número uno. Fue la segunda vez que vi mujeres desmayadas por él y me puse feliz (por lo que significa, no por las pobres niñas colapsadas jaja). Cantábamos bajo el cielo de Buenos Aires, cuando Luis Miguel se paró enfrente de mi y sin quitarme la mirada de encima, (me) cantó "Sabor a mí". Con todas sus letras "tanto tiempo disfrutamos de este amor, nuestras almas se acercaron tanto así..." Yo pensaba: "¡¿Me está cantando a mí?! ¿¡Con estadio lleno?! Ay, Diosito, algo bueno tengo que haber hecho para que me mandes estos regalos. ¡Mi canción favorita!" ¡Qué emoción! ¡Qué privilegio! ¡Maravilla de maravillas! A veces me da vergüenza la suerte que tengo. Desperté del trance cuando Patrick, mi compañero de viaje, me dio un codazo y me dijo: "Uff, ¡ya te puedes morir! ¡Qué increíble!"

Hay quienes se emocionan escuchando "Stand by me" con John Lennon y la Yoko. Yo floté con la voz de Luis Miguel y la letra de Álvaro Carrillo. Todavía con el entusiasmo del concierto, llegamos a visitar a Micky al hotel. Como persona educada, pero sobre todo como la mujer romántica y sensible que puedo llegar a ser, no quería irme a dormir sin darle las gracias por lo de "que yo guardo tu sabor, pero tú llevas también, sabor a mí".

Para entrar al piso 23 se necesita tarjetita de acceso y saludar a los guardias que nunca se mueven de ahí. En la *suite* presidencial del Sheraton hay jacuzzi, comedor y gimnasio, aunque yo sólo disfruté la sala y el baño de visitas. Lo interesante del asunto es que, meses antes, Brad Pitt y los Clinton también estuvieron ahí, en la misma habitación. A lo mejor les suena raro, pero yo creo que algo de cada persona se queda en el ambiente. Y ahí había vibraciones insólitas. Me imaginé a Bill y Hillary, ¡felices!, sin saber que un año después Mónica Lewinsky les haría la vida de cuadritos. ¡Y nosotros sin saber! Cuántas historias vividas en una *suite*...

Volviendo a Luis Miguel, nos recibió con música de George Michael, concretamente escuchaba "Older" (ya saben *Jesus to a child*, *Fastlove*, un discazo). Después de saludarlo y decirnos cosas cariñosas, el primer tema que se me ocurrió para platicar fue *Más*, el nuevo disco de Alejandro Sanz. Sí, mi "habilidad" para romper el hielo no es común:

—¡Luis Miguel! ¿Cómo estás?

—Muy bien pero... Dime "Micky". Me pidió con una mirada de "somos cómplices de aventuras", pero súper seductora.

—Okkkk... Y retomé desde el principio.

—¡Hola, Micky! Te quiero... ¿Ya oíste "Y si fuera ella"? —me dio verborrea. El nuevo disco me parece buenísimo, ahora sí se va a ir para arriba...

—No entiendo por qué no ha pasado nada con él (Alejandro) —me contesta Luis Miguel—, es muy bueno, lo que hace es muy bueno. Pero, por favor, siéntense. Bienvenidos...

A partir de ese día, desde que se rompió el turrón, hemos hablado ¡de tantos asuntos! De turismo (tópico que le encanta), de comida, de olores en el avión, de películas, de las cosas que tenemos en nuestra *bucket list*, de remedios para el estrés, de la vida, de los hijos, de las ex parejas, de las actuales, de los amigos. Aunque hablemos de otra cosa, o parezca que hablamos de otra cosa, siempre volvemos a su música. Es que termina un concierto, pero lo espera otro. Siempre.

Esa noche, se organizó un torna-concierto muy divertido. Estábamos Patrick Olivier —reportero de tele, especializado en cine— Alejandro Asensi, Luis Miguel, Jocelyne Katz —una ex *top model* chilena mayor pero guapa que hacía el segmento de espectáculos en *Ocurrió Así*—, y yo. Y cuando digo "mayor" me refiero a que tenía la edad que tengo yo ahorita. Es más, tengo ganas de reencontrarme con ella porque ahora es una *holistic life coach* y te encamina a convertirte en la mejor versión de ti mismo. ¡Necesito paz!

Nos reímos, platicamos y nos integramos como un gran quinteto hasta que yo, para inmortalizar el momento, tuve la genial idea de sacar mi cámara de fotos y... ¡se acabó la fiesta!

—¡Noooooo! ¿Qué haces? —dijo Micky.

Yo, con voz y mano temblorosa le contesté:

—Pensé que sería maravilloso tener una foto de recuerdo...

—Ya lo echaste a perder... Estábamos tan a gusto.

—Perdón, no lo vuelvo a hacer (ni modo de explicarle que salí muy mal en nuestra foto y quería otra.)

Cuando Luis Miguel me soltó el sermón, creí que a lo mejor era mi última gira (*Romances*, no se me olvida) con él, pero como también ya me estaba haciendo efecto la champaña, la verdad, no me preocupé. Casi me entra la culpa, pero no. Además pensé que Luis Miguel jamás encontraría una periodista más devota que yo a la hora de bailar "Noche, playa, lluvia, será que no me amas..."

Sí, fue una tremenda regañada. Ahí descubrí que tengo mucho talento para destruir momentos hermosos. Se hizo el silencio incómodo, me disculpé y, al ratito, nos corrieron. Por más que quise ser simpatiquísima y que la reunión remontara, no hubo manera. Creo que del susto no volví a sacar fotos en los próximos tres meses. Cuando nos despedimos, Luis Miguel me dio un beso. Y a mí, me dio risa su cara de desconcierto. Al final, también se rió. Fue cuando recordé que en la conferencia de prensa, un día antes, había dicho que estaba desarrollando "la paciencia y la tolerancia". Me dieron ganas de decirle: "Al Dalai Lama sí le gustan las fotos", pero no. Luis Miguel es muy él.

Asensi, el ex mánager, nos acompañó hasta el *lobby* porque le gustaba ser muy atento, pero supongo que también para asegurarse de que saliéramos del hotel y no nos quedáramos por ahí escondidos. El elevador se abrió en el *lobby* y nos despacharon a Patrick y a mí. El mánager y la reportera madura-guapa dijeron: "Oh, se nos olvidó algo" y subieron de nuevo.

"Me late que querían deshacerse de nosotros, ¿tú qué opinas?", pregunté a Patrick. Entonces nos entraron las carcajadas tardías por la foto frustrada, la regañada y todo el numerazo. Yo en plena risotada cuando de pronto... ¡Zas! ¡Pum! ¡Tras! Me caí en el piso de mármol. O mejor dicho ¡azoté!, porque eso no fue una caidita común. Soy de las personas que cierran los ojos cuando se carcajea y por venir ciega de risa no vi el letrero amarillo que decía muy claramente "Cuidado. Piso mojado".

Al día siguiente, mi compañero de impertinencias regresó a México, así que fui sola al segundo concierto en el Vélez Sarfield. Esta vez, no lo vi en primera fila sino arriba de la tarima de luz y audio, desde el corazón operativo. Era un recital a beneficio de la Unicef o de alguna ONG importante. Pero, a cualquier distancia, la historia del chavito estrella que se convirtió en el rey de la música en español me emociona.

No crean, sentí nostalgia reciente cuando escuché "si negaras mi presencia en tu vivir, bastaría con abrazarte y conversar, tanta vida yo te di, que por fuerza tienes ya, sabor a mí..."

Por cierto, no les conté que cuando le agradecí por dedicarme "Sabor a mí", contestó:

—Te ví y... ¡me nació!

Ay.

Pocas cosas me parecen tan románticas como una persona que espera. Que espera a otra. El tiempo que sea…

Allá por el año 2004 llevé a cabo un verdadero acto de amor, al menos así lo viví: luego de pensarlo cuatro largos años decidí plasmar sus iniciales en mi piel para siempre. La *L* y la *M* están orgullosamente tatuadas en mi mano izquierda, en la del corazón, por supuesto. Recuerdo como si fuera hoy el momento en que Micky llegó a mi vida. Una cálida mañana, allá por 1982, salimos de paseo en familia como acostumbrábamos, y en un momento del trayecto hicimos una parada para que mi mamá visitara una tienda de discos. A su regreso vi que cobijaba algo entre sus manos, ¡cual tesoro!, y mirándome tiernamente a los ojos me lo obsequió. Cuando descubrí que era el casete de un niño, me llamó poderosamente la atención, pues a pesar de que no lo había oído aún, su rostro angelical, pero muy sensual, me enamoró al instante. Las ganas por conocerlo un poquito más se apoderaron de mí, por lo que no tardé en sacar de la cajita la cinta para reproducirla en el equipo de música de nuestro automóvil. Los primeros acordes dieron pie a que irrumpiera una vocecita dulce, afinada, con ese candor de la infancia pero cantando temas de amor. Luis Miguel me llegó directo al corazón –nunca mejor elegido el nombre para este trabajo discográfico– cautivándolo de inmediato, logrando dejar una impronta de fuego para toda mi vida...

Les ha pasado que hay momentos en que dices "¡me hago a un lado!" (*go ahead*, para los lectores anglosajones). Éste es uno de esos momentos. Es que me encanta la descripción de Euge y no quiero echarla a perder con la insensibilidad que a veces se apodera de mí.

Espero que los editores no quieran reducirme el sueldo, ¡como al rey Juan Carlos!, dejo el libro en sus manos un ratito, en lo que hago la selección de fotos. ¡Nos vemos más adelante! Es todo tuyo, Eugenia querida…

Debo confesar que el momento que más disfruto es cuando dejo estupefacto a mi interlocutor ante el asombro que le produce escuchar que sigo a Luis Miguel desde hace treinta años, y que mi cariño y admiración crecen día a día. Una vez más tengo la oportunidad de narrar mi historia como fan del mejor cantante de todos los tiempos.

A todos nos pasa lo mismo cuando nos preguntan: "¿Eres fan de Luis Miguel?", inmediatamente se nos ilumina el rostro, respiramos hondo y ensanchamos el pecho para responder con un orgulloso: "Sí." Pero la conversación no acaba ahí, tenemos la necesidad imperiosa de gritar a los cuatro vientos que somos fans de toda la vida, desde que éramos niños, que crecimos con él y que gozamos de cada una de sus etapas como cantante.

Bueno, volviendo al auto familiar, desde ese momento fui literalmente una tortura para mis padres y hermanos. Las canciones sonaban continuamente en el único equipo de música que teníamos, el del auto, lo que condenaba a todos a escucharlas. El martirio para ellos era completo, pues no sólo cantaba Luis Miguel, sino que ¡también lo hacía yo!, ya que en esa época tenía la ilusión de convertirme en una cantante mega famosa. Sentía que necesitaba prepararme para esto, por lo que cantaba a la par de Micky tratando de imitarlo, de aprender de sus dotes de cantor. Transcurrió año y medio hasta que recibí la mejor noticia del mundo: Luis Miguel visitaría mi ciudad...

Cuando por fin lo tuve por primera vez frente a mí, con su melena dorada al viento, descubrí al dueño de los ojos más lindos y de la sonrisa más encantadora y cautivadora jamás vista. Pude experimentar lo que es estar con los pies sobre la Tierra, pero con la sensación de gravitar. Por unos días me fue imposible bajarme de la nube a la que me transportó.

Desde esa cita jamás dejé de asistir a un *show* de Luis Miguel cada vez que visitó mi ciudad. Lo espero cada uno de mis días, contándolos cual presidiaria, pues mi corazón se siente preso de vivir las intensas emociones que sólo Miky es capaz de provocarle...

(Eso me gustó. La imaginé arrancando las hojitas del calendario... ¡como yo ahorita! Esperando al amor de mi vida.)

Debo confesar que he cometido muchas locuras en nombre de este sentimiento. Trataré de hacer una breve reseña... Cuando niña-adolescente, mis padres tenían una situación económica un poco ajustada, no nos faltaba lo esencial para vivir, pero se hacía difícil tener algún remanente para destinarlo a actividades recreativas. Esto no era un grave problema para mí, con que estuviéramos juntos y felices me bastaba y sobraba, salvo el año en el que se anunciaba la llegada de Luis Miguel a mi ciudad, ahí la situación se tornaba diferente porque no concebía, bajo ninguna circunstancia, faltar a esa cita. Ya en ese entonces me caracterizaba por luchar por lo que quiero, por lo que meses antes de su visita me dedicaba a realizar algún tipo de artesanía que vendía entre mis conocidos, o también mis libros de la escuela que ya no utilizaba, era la única salida que encontraba para solventar el gasto de la entrada. No se imaginan lo que sufría pensando en que quizá no podría llegar a juntar todo el dinero necesario (¡Ay, hermosa!, comentario de la autora). Pero Diosito siempre estuvo de mi lado y jamás falté a un concierto...

Entre mis experiencias, cuento con más de una semana esperando en las afueras del estadio para lograr ingresar dentro de las primeras al recinto, aguantando todo tipo de inclemencias meteorológicas (más de 40°C durante el día y un frío que te cala los huesos por la noche, acompañado muchas veces de un temporal de viento y tierra). He permanecido de pie por más de doce horas antes del comienzo de un *show*, bajo una lluvia torrencial, sin moverme de mi sitio por miedo a que usurpen mi lugar. Estuve cuarenta horas sin dormir, pasando la noche a la intemperie con temperaturas bajo cero, esperando que se habilitara la venta de los *tickets* para lograr la tan preciada fila uno, para luego asistir en este estado calamitoso a mi trabajo cotidiano. Creo que lo más loco que hice junto a mis amigas del alma fue bajar del avión en Las Vegas, luego de casi dos días de viaje y con un par de horas de sueño a cuestas, tomar un auto y viajar hasta San Bernardino para llegar directo al concierto.

Con el paso de los años llegó mi ansiada independencia y con ella la libertad de llevar a cabo mis locuras sin tener que pedir los permisos de rigor; me había convertido en toda una mujer dispuesta a hacerme cargo de mis actos, por más descabellados que fueran para algunas personas.

En este camino, he conocido a personas realmente importantes para mi vida. Entre ellas están Ana Freijo y Viviana Ramírez, mis compañeras de aventuras, con las que he viajado más de veinte mil kilómetros tras la magia de Luis Miguel y compartido momentos inolvidables. Nada nos detiene a la hora de conseguir ese pasaporte directo a la felicidad: el tenerlo a metros y embriagarnos con su perfume. Cada uno de los esfuerzos que realizamos se compensan con creces.

Algo que disfruto mucho es darle a él la bienvenida a mi ciudad, así que voy a esperar su llegada al aeropuerto y con mucho respeto lo escolto durante todo el trayecto al hotel.

A las 12:43 del mediodía, un miércoles 18 de julio de 2012, me declaro ¡fan de las fans! Siempre he pensado que el verdadero amor se refleja en los aeropuertos. ¡Es un acto de buena voluntad! Hagan memoria, hace cuánto no van a recoger a un ser amado por vil pereza. Conozco a personas que no van al aeropuerto ni por su santa madre. Menos por su pareja. Y de un extraño, ya ni hablamos.

Cada concierto es una nueva oportunidad de vivir algo fuera de serie, pues él se desvive por entregar lo mejor de sí a su público y lo hace de mil maneras. No hay presente que no reciba y agradezca con una enorme sonrisa y un fuerte apretón de manos. Se divierte leyendo carteles que las fans le llevamos y no deja de saludar a cada uno que se le acerca.

En mi caso, he tenido la fortuna de saludarlo de mano en muchas ocasiones, ¡sentir su piel sobre la mía es algo sobrenatural! Y su mirada, sus ojos tienen una manera muy particular de posarse en los tuyos... Jamás había tenido la oportunidad de ver a Luis Miguel fuera de mi país, era un anhelo que tenía desde hacía tiempo, pero en el lapso de seis meses, de esto hace muy poquito, tuve el placer de verlo en tres países diferentes. Cada una de estas experiencias fueron únicas e inolvidables.

Presenciar el momento en que Luis Miguel celebra en Las Vegas la independencia del país que tanto ama, ése que eligió como suyo pese a no haber nacido en esa tierra, fue sublime. Me sentí una mexicana más. Ser testigo de su regreso a Chile, luego de dieciocho años de ausencia en el escenario del Festival de Viña del Mar, fue algo que ni en sueños me imaginé. No dejo de agradecer a Dios haber estado ahí. También pude vivir su retorno a Brasil, lo que fue para mí un capítulo aparte por la conexión que logré con Luis Miguel...

En el segundo concierto en Sao Paulo le llevé un cartel grande que decía: "Tu voz me acaricia el alma." Al leerlo, levantó sus cejas como sorprendido e inmediatamente buscó a la persona que estaba abajo. En ese preciso segundo, me encontré con esos ojos que son mi perdición. Él me sonreía mientras cantaba y yo... yo no podía más que gritarle: "Te quiero, te quierooo."

Luego le entregué el obsequio que había viajado conmigo miles de kilómetros: un oso gigante con su playera mitad mexicana, mitad argentina. Me acerqué al escenario y se lo ofrecí tímidamente, él lo tomó en sus brazos y nuevamente me regaló su seductora sonrisa.

No imagino mi vida sin Luis Miguel como uno de sus protagonistas. Él es mi mejor terapia, mi fiel compañero en momentos felices y principalmente en los que me siento sola y triste. Su voz es como una inyección de energía y de vida...

Desde hace más de un año, Eugenia es la flamante poseedora de un espacio único, sin precedente: una columna en un medio informativo, donde se habla semanalmente de Luis

Miguel. Sitio donde se reúnen fans de todo el mundo para compartir la pasión que sienten por su artista. Ha cumplido todos los sueños que se propuso lograr, pero le falta uno de los más importantes: conocerlo.

> No sé qué me depare el destino respecto a Luis Miguel, lo único de lo que estoy segura es de que lucharé por mi sueño, porque no concibo irme de este mundo sin algún día abrazarlo.

¡Amén! Creo que es lo único que me falta decir y desear.

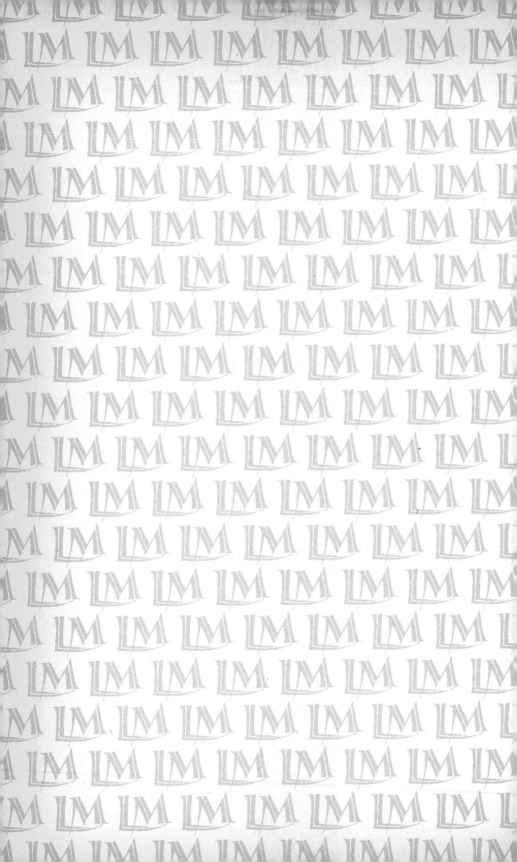

LA BOMBA

(¡NO OLVIDES EL CROISSANT!)

Sinceramente, soy una mujer incapaz de desdeñar un viaje a España o un concierto de Luis Miguel. Así que cuando me invitaron al lanzamiento del disco *Amarte es un placer*, en Madrid, me subí al avión sin pensar, con la felicidad de una desempleada televisiva a la que alguien le da una palmadita de apoyo en el hombro.

Entre la Puerta del Sol, los museos, El Corte inglés, las terrazas, los tintos de verano y los jamones (punto importante), se me olvidó que estaba vetada en Televisa y TV Azteca, y me dispuse a disfrutar de la vida.

¡Todo era dicha pura! Hasta que una mañana una voz femenina anunció por la megafonía interna del Hotel Palace que teníamos que desalojar el edificio: "¡Alerta! Deben abandonar el inmueble. No es necesario que corran —decía— ¡no cojan el ascensor! Hay que buscar la salida de emergencia, que la misma palabra lo indica… (jaja)."

Yo, que estaba tan contenta untándole mantequilla al pan, me sentí como los pasajeros del Titanic cuando les avisaron que se irían al fondo del mar: sin trabajo y en medio de la tragedia. El aviso era tan raro que me quedé sentada sin moverme hasta que una mesera súper dramática gritó entre las mesas: "¡Tenemos una emergencia, salgan a la calle, corran!" Así que agarré el maravilloso *croissant* (primero muerta que abandonar un *cruasán*), apreté la servilleta y, con toda la elegancia que pude, valoré prioridades y... ¡corrí despavorida! Yo afronto las urgencias con pánico y luego averiguo.

Afuera todo era nerviosismo, confusión y "cotilleo". Unos gritaban que había un incendio en el hotel, otros que era un simulacro y los más atinados que se trataba de una bomba. ¿Se imaginan? Lo primero que pensé fue: "¡Moriré con Luis Miguel! Mi cuerpo será repatriado junto al suyo." Bueno, puede que en diferente vuelo pero por las mismas causas y eso une mucho. Ya veía mi féretro descender del avión de la Fuerza Aérea Mexicana entre acordes de "La incondicional".

Cuando llegó la policía, o mejor dicho las "unidades de intervención policial", yo pensaba seriamente tres cosas:

+ ¡Vamos a explotar!
+ ¿Dónde está Luis Miguel?
+ ¡Moriremos juntos! (Eso es ser su seguidora y no tonterías.)

Luis Miguel estaba hospedado en la mejor *suite* del Palace, donde lo tratan como rey porque, según la señorita Romay de relaciones públicas del hotel, es "nada caprichoso, encantador y un cliente ejemplar".

Esa casi fatídica mañana, el primer desalojado cuando sonó la alarma fue el cantante. Por supuesto, nadie lo vio, pero sus guardaespaldas se encargaron de ponerlo a salvo mientras todos los mexicanos poníamos cara de víctimas de un atentado, tras la zona acordonada. Por cierto que el área de emergencia era de risa. En lugar de evacuarnos a varias calles lejos del bombazo, las fuerzas especiales de la policía nacional nos pusieron detrás de la cinta amarilla de "Peligro-*Caution-Danger*", que estaba en la banqueta de enfrente, o sea, a seis metros del hotel, y ya. Tengo la ligera sospecha de que estos policías no habían leído nada sobre las ondas expansivas y el estallamiento de órganos.

Claro, también se ve que les importábamos poco en caso de violenta detonación. Al cabo sólo éramos unos desafortunados huéspedes mexicanos, algunos argentinos y muchos japoneses (¡les juro que salían de todas partes!). Yo pensaba: "Estos españoles no saben que la verdadera bomba será cuando explote un lío diplomático gordo por maltrato al periodista internacional."

También debo confesar que me dolía que aquello volara en pedazos porque ése sí era un hotel como Dios manda: exclusivo y lujoso. Una noche de alojamiento ahí costaba de treinta mil pesetas para arriba. ¡Ah, qué belleza!

Pero volviendo a lo concreto, el ambiente en la banqueta del peligro era inmejorable. En serio. Tenían que haber visto a la prensa mexicana esperando la nota y el estruendo. Entre los comunicadores que esperaban el ¡boom! se encontraban Javier Alatorre (vestido impecable), Lina Holtzman (directora de la revista *Glow*), Mónica Noguera y su entonces marido Guillermo del Bosque (que salieron fachosos y medio sonámbulos), Karina Velasco (que posaba para mis fotos noticiosas), Matilde Obregón (directora de la revista *TVNotas*), Juan Manuel Navarro (corresponsal del periódico *Reforma*, que corrió a pasar la reseña) y una ejecutiva de Warner, la disquera del cantante —que salió en bata de baño. Cada uno en lo suyo. Yo digo que hay ocasiones en las que se aprende mucho del ser humano.

Ahí, en la fantástica esquina del Paseo del Prado con la Carrera de San Jerónimo, supimos que alrededor de las once menos veinte (o sea, a las 10:40 am) se produjo una llamada a la recepción del hotel anunciando que había un artefacto que estallaría después de una hora. Dicho en cristiano: una bomba dirigida a alguno de los huéspedes selectos: Joan Manuel Serrat, Luis Miguel o Jordi Pujol.

Aunque corrió la versión hollywoodesca de que Luis Miguel fue sacado en helicóptero del hotel, lo cierto es que su equipo de seguridad lo sacó caminando inadvertidamente por la puerta trasera y lo llevó a una cafetería cercana.

Y mientras Micky tomaba café, nosotros tomábamos fotos. Básicamente, de Joan Manuel Serrat y de Beto Santos, un empresario regiomontano amigo personal de Luis Miguel que caminaba por el *lobby* y al que algunos despistados confundían con el cantante. Ya saben: "¡Ahí está Luis Miguel…! Ah, no, se parece."

Serrat no se encontraba en el hotel en el momento del "¡corran, salgan del edificio!", pero llegó en pleno operativo, y fue cuando los periodistas aprovechamos para acosarlo. La verdad por dos cosas. Porque era el único famoso y luego porque, en el fondo, todos pensábamos: "Ésta será la última foto de Serrat con vida antes de la explosión." Esas fotos sí hubieran valido un dineral.

Poco comprensivo con las necesidades económicas de la prensa y lejos de la ternura con la que compuso, por ejemplo, "Aquellas pequeñas cosas", escapó furioso. Otro cliente destacado era Jordi Pujol (Soley), que fue presidente de la Generalitat Catalana por veintitrés años y habla perfecto español, francés, inglés, italiano y alemán. Este último dato lo aporto porque pienso que, en toda crisis, siempre es muy útil tener cerca a un traductor.

Si a mí me preguntan para quién iba dirigida la bomba, yo hubiera dicho que para don Jordi. Mera intuición, porque siempre que lo mencionan, le dicen "el honorable" entre comillas, y eso destila odio por donde lo veas.

Y al día siguiente fuimos noticia en los periódicos del mundo. Por ejemplo, el *Diario 16* escribió: "Los clientes del Palace acaban en la calle 'en batín' por amenaza de bomba.

Lo predominante en el 'hall' del hotel eran mexicanos venidos, única y exclusivamente, para el concierto de Luis Miguel, 'sex symbol' de las quinceañeras, que estaba todavía descansando para las tres ajetreadas noches que le esperan: tres conciertos consecutivos a 4 000 pelas." *El País* confirmó: "Obsesión por Luis Miguel. El cantante mexicano Luis Miguel levanta pasiones explosivas que a veces pueden resultar alarmantes. Una llamada anónima alertó ayer a las 10:30 de la mañana de una supuesta bomba colocada en el hotel donde se aloja el divo. Los huéspedes fueron rápidamente desalojados, y muchos salieron a la calle cubiertos sólo con sus albornoces blancos mientras un grupo de guardias de seguridad rodeaba la zona. Entre los clientes destacados se encontraban el Presidente de la Generalitat Jordi Pujol y el cantante Joan Manuel Serrat, aunque ninguno de los dos se exhibió en pijama." Por supuesto, de Luis Miguel ni hablamos porque él es elegante aun en pleno naufragio, o mejor dicho, en pleno caos.

Debo revelar que nosotros, o sea, las víctimas, tardamos varias horas en recuperar el pulso cardiaco. El único sonriente era Javier Alatorre, porque a él las amenazas de bomba en hoteles de lujo le hacen los mandados, recordemos que ha sido corresponsal de guerra. En cambio, a mí la experiencia sí me marcó profundamente. Es que en los espectáculos lo más cerca que te sientes del peligro mortal es cuando Lucía Méndez se enoja contigo o cuando Lucero grita: "¡Y!", mientras su guarura encañona a los reporteros.

Bueno, por fortuna, el final ya lo conocen: el artefacto no explotó y el 15 de septiembre de 1999 no pasó a la historia como el día en que España y México perdían a sus máximas glorias musicales.

Una vez olvidado el susto, nos fuimos al concierto en la plaza de toros Las Ventas, que fue notable. Aunque esta vez lo vimos desde arriba, en el tendido 10 "bajo", (que sinceramente parecía "alto"), fila 9, asiento 31. Muy arriba. Tan arriba que, en realidad, casi vimos a Luis Miguel en las pantallas gigantes, no en persona. Por allá se veíaaaaa en el horizanteeee un muñequito.

Seguro que ustedes se acuerdan que en el concierto de *Amarte es un placer* el cantante bajaba volando en una farola y aterrizaba en el escenario. Espectacular. Cantaba boleros, las de ayer, las de siempre, y las nuevas como "Quiero", "O tú o ninguna", "Sol, arena y mar" o "Te propongo esta noche"... Todas. Todas, menos mi favorita: "Soy yo", del maestro Manzanero. De cualquier manera, yo moría por contar lo que había visto: que en México supieran que la plaza de toros se vino abajo.

Esa noche Luis Miguel enloqueció a Madrid con testigos famosos como Jaydy Michel –cuando era esposa de Alejandro Sanz–, Rebeca de Alba, el vidente Rappel –médium de las celebridades–, el imitador dominicano Julio Sabala, la cantante Lolita –que un año antes lo había visto en el Palacio de Congresos de Madrid– y el actor Andrés Pajares.

Se preguntarán: "¿Enrique Ponce no fue?", no, porque todavía no se conocían. Ahora son los mejores amigos y cada vez que Luis Miguel pisa España, el torero anfitrionea con la misma alegría con la que enfrenta a los toros, que ya es decir. Soy testigo de que uno de los mejores matadores de toros de todos los tiempos es fan de Micky. Cada vez que viene a México, después de las corridas, se pone un saco de terciopelo negro igualito al de su amigo, pide mariachi y canta "Sabes una cosa". Culto entre grandes.

Pero volvamos al Madrid de 1999. Al día siguiente del concierto en Las Ventas, me quité la pijama temprano –por si habían sembrado más bombas– y bajé a devorarme los diarios. Según *El Mundo* "estábamos ante un hombre espectáculo, técnica y matemáticamente perfecto. Pero sin magia, riesgo y ángel fieramente humano". "¿En serio?", musité (que es lo más parecido a un susurro). Pero si yo lo oigo ¡y se me acomoda el espíritu!

El ABC escribió: "No sabemos si 'amar' a Luis Miguel en la intimidad 'es un placer' –de entrada el chico tiene una pinta estupenda– pero lo cierto es que amarlo colectivamente acarrea una serie de incidentes nada gozosos, como los empujones y los gritos de miles de fans en trance erótico-festivo que no sienten ningún reparo en pisarle a una setenta veces siete, y en mancharle la camiseta con sus alocadas cervezas. Y es que menuda se armó anoche en Las Ventas en el primero de los tres conciertos de LM: aquello parecía el Valle de Josafat." Así como lo oyen. Así de bíblico. Bueno, entiendan que la euforia creció, había veinte mil almas en la plaza de toros y un año antes, sólo 1909 en el pequeño Palacio de Congresos de Madrid.

Dos días antes del desalojo, el concierto y las crónicas disparejas, Luis Miguel presentó *Amarte es un placer*, en el Casino de Madrid. Al final, Rebecca de Alba y yo nos acercamos al mega guardaespaldas del cantante para que nos dejara saludarlo en privado. Ya saben: "Por favor, dile que Rebecca y Martha están aquí y queremos verlo…" El guardia contestó: "Ahora las recibe, espérenlo tantito." Pero el artista estaba tan ocupado concediendo entrevistas mundiales, que no lo vimos. Nunca nos recibió.

¡Qué lástima!, porque se perdió el espectáculo de vernos a la güera y a mí ¡vestidas iguales! Bueno, mismo vestido pero diferente talla, sobre todo, distinta longitud. Uno Zara y otro Armani. ¡Estos diseñadores que se copian los bocetos! Ya no se puede confiar en nadie.

Últimamente, me siento muy limitada en conocimientos geográficos alemanes. Al preguntarle a una de las fans más activas de Luis Miguel algo muy simple como: "¿Dónde naciste?", me hundí en un abismo mapamundesco. Juana María Arroyo Ogayar, la Juani, nació en Dortmund, Alemania.

Así aprendí que existe una ciudad llamada Dortmund, que está situada en la Región del Ruhr y que es la séptima más grande del país. Yo sé que la cultura es la gran cosa y que una periodista no puede permitirse esos destellos de ignorancia, pero a mí lo que me ocupa en este minuto es que un mexicano sea idolatrado justo ahí, tan lejos de la patria. Mínimo, ¿no es curioso? ¿No les da un poquito de orgullo? Pues ahí llegó al mundo Juani, presidenta del club de fans *Por la Magia de Luis Miguel.*

Nací en un entorno en el que sólo se escuchó hablar de Luis Miguel, allá por 1985 cuando participó en el Festival de San Remo, altamente popular por aquel entonces en Europa. Cada vencedor del certamen sacaba disco a nivel europeo y era un éxito garantizado. Recuerdo ver ganar a Ricchi è Poveri y que no estaba para nada de acuerdo con la victoria, pues había un protagonista joven de traje blanco que me dejó impactada a mí y a toda Europa, pero sobre todo –y cómo no– al mercado italiano...

Nota oportuna de la autora: Ricchi é Poveri, los que a veces comían en casa de Micky cuando visitaban México y cantaban *"Se m'innamoro, se m'innamoroe m'innamoro sarà di teeeeee..."* Ella se parecía un poco a Sheena Easton y sí eran muy famosos, luego ya eran más Poveri que Ricchi. La carrera artística, que es muy difícil, ni hablar.

Eran los años 80 y yo, que había crecido en la cuna de la BBC no tenía ni idea de quién era Luis Miguel y, para ser honesta, no me interesaba ni gustaba nada la música latina/española. Esa era la música que mis padres escuchaban. Lo mío era Michael Jackson, Los Kool & The Gang, Earth Wind & Fire y Barry White que me encantaban.

En vacaciones veraneábamos en España y "sufría" año tras año la música española, ya fueran de los Pecos, Mecano, Miguel Ríos....

Fue entonces cuando su vida tomó otro camino y se cruzó con el de Luis Miguel. Juani se fue de Alemania.

En el 92, en pleno auge de los Juegos Olímpicos de Barcelona, de la Expo de Sevilla y de Madrid como capital cultural de Europa, decido conocer el país –en el que no nací pero donde están mis raíces– y del cual siempre me sentí ciudadana. Ya estaba casada y no fue fácil cerrar con toda una vida y comenzar de cero, con las manos en el bolsillo. Atrás quedaron trabajos fijos, una casa, pero sobre todo todos los amigos de infancia, estudios, pandillas, primeros amores... ¡Todo!

A los tres años de vivir en Madrid y nacer mi hijo no acababa de entender la música española y nadie comprendía mi estilo de música....

Así pues, iba yo una tarde de verano escuchando la típica radio española que me aburría a muerte y haciendo *zapping* de canal en canal, cuando de repente me detuve en un tema tremendamente *funky* y cantado en español. ¿Quién sería? Me encantó pero ni me quedé con la letra ni con el intérpreté, sólo dije guau, en España también se hace música de la mía. Al día siguiente, más o menos a la misma hora, me volvió a pasar, con otro tema diferente que se llamaba "Dame". Estuve atenta hasta que dijeron bien alto ¡LUIS MIGUEL!

No tardé en investigar quién era y dónde conseguir "Dame". Mi primera parada fue un supermercado, sección de discos, mientras hacía la compra con mi marido y mi hijo...

Perdón que interrumpa, pero me imaginé la lista de la compra: zumos, charcutería envasada, infusiones, calabacín, setas, merluza, gambón... ¡y Luis Miguel!

Les dije que ya les alcanzaría y me metí en un mar de discos pensando que no podía ser, que me habría equivocado, pues tantos discos y tan diferentes estilos. Algunos de niño, de boleros, etcétera. Dudé en gastarme dinero en algo que tal vez no era lo que yo buscaba. Mejor opté por comprar un VHS que estaba en oferta con "Luis Miguel, los videos". En cuanto llegué a casa encendí la TV, metí el video y muy crítica me puse a escuchar el primer tema "Entrégate", el segundo, "La incondicional" y ya se puso el tema más *funky* con "Será que no me amas"... ¡Luis Miguel me había ganado enseguida como fan!

Así fue que Juani se convirtió en seguidora de hueso colorado y de tiempo completo de Luis Miguel. Ella divide su tiempo entre su hijo de 17 años, su marido y su trabajo como secretaria de presidencia en una multinacional alemana en Madrid.

Juani estudió comercio internacional y ahora organiza eventos con fans de todo el mundo.

Prácticamente en paralelo me metí en internet y comencé a investigar quién era, su historia, etcétera. Y bueno, no era como ahora que existe Google y todo se tiene a primera mano; buscar información costaba lo suyo. Pero aluciné con la bio y discografía de Luis Miguel. Poco a poco me fui haciendo de su discografía, y muy poco a poco fui degustando sus discos. Primero sólo los pop, luego también me atreví con los boleros y, luego, ya era tarde, me gustaba todo. A pesar de que los boleros siempre fueron la música de mi padre, que me saca más de treinta años, y no era para nada mi estilo.

Una noche cuando veía las noticias, anunciaron la llegada de Luis Miguel a España, dijeron que daría conciertos en Madrid. Le pregunté a mi marido: "¿Quieres que vayamos a verle?" Pues nosotros éramos muy forofos de conciertos, en Dortmund está uno de auditorios más grandes de Europa y allí ha actuado desde Liza Minelli hasta los Rolling Stones, y nosotros casi nunca nos perdíamos a nadie.

Fue la mañana siguiente cuando, estando en el trabajo, saqué un minuto para llamar al Corte Inglés y preguntar por entradas, era la gira de *Romances* y estábamos en 1997. Me atendió una señora y cuando le dije que quería entradas para ver a Luis Miguel, cual fue mi sorpresa cuando me contesta "¡Ah, y yo también!" La verdad me dejó muy confusa y no supe bien a qué venía, así que le dije que por qué me decía eso y me contestó que ¡había vendido cuatro conciertos en dos horas! Y el quinto... también está ya todo vendido. "Si quiere probarlo con la reventa..."

No sabía qué pensar. Jamás se me resistió ninguna entrada para ningún concierto, había visto a las estrellas y los grupos más importantes del mundo y ahora para ver a Luis Miguel no podía... Eso hizo que me metiera en internet y buscara y buscara, durante horas y horas, días y días, siempre que tenía un ratito libre. Así logré encontrar un chat, donde existía un canal #luismiguel y encontré gente como yo, a la que también le fascinaba...

Ése fue un gran año para Luis Miguel. Hizo diecisiete conciertos en el Auditorio Nacional y cinco en el Radio City Music Hall de Nueva York, con llenos absolutos. Con eso entró a la lista de los veinte artistas que más localidades han vendido en un mismo recinto, en la historia de la música. En España, ya que estamos por ahí, vendió más de un millón de copias entre *Romances* y *Todos los romances* en un año. ¡Estoy segura de que Juani contribuyó con el récord!

Se me abrió un mundo, no sólo por encontrar a fans de carne y hueso, sino por tener con quien compartir mi pasión por este cantante y hacer amigos, que hasta hoy conservo. Algunos forman parte del *fan club* que tengo el placer y el honor de presidir. Luis Miguel me ha dado mucho. Su música es inmensa, pero su voz es de otro planeta. Le escucho cantar y me desconecto por completo, me transporta, me lleva al mundo de la fascinación y adoración. ¡Gracias a él he hecho grandes amistades en el mundo entero!

Me ha dado la oportunidad de formar un club en el que puedo realizar mi afán de contagiar a otros fans. De compartir con otros –que sienten como yo– la magia indescriptible que Micky desprende sobre un escenario y, sobre todo, también de hacer actos benéficos y aportar nuestro granito de arena para que este mundo sea cada día un poco mejor.

Desde que se formó el club en 2005 he viajado varias veces a Los Ángeles, Santa Bárbara, Las Vegas, México D.F. y a Perú. Pero con esas dos giras españolas Micky nos ha dado el mayor regalo, pues hace que la unión culmine entre las incondicionales y los incondicionales de mi *fan club*. Pasamos noches enteras haciendo cola para ocupar los mejores lugares en los diversos recintos. Dormimos en habitaciones triples y cuádruples, en albergues, hostales; compartimos comida, bebida y, sobre todo, esa pasión que a todos nos une, la música de nuestro ídolo, Luis Miguel.

Bueno, espero que todos lean éste libro… menos su jefe.

UN SOLTERO EN LA CASA DE VERSACE

¿Quién mató a Versace? ¿Por qué? Algunos culparon a la Cosa Nostra, porque junto al cadáver del diseñador había una paloma muerta, y dicen que ese signo podía ser la firma de la mafia italiana. Nunca se confirmó. Ante esa hipótesis, yo siempre pensaba que tal vez la infortunada ave sólo pasó por el lugar equivocado en el momento equivocado, y el asesino se llevó –literal– dos pájaros de un tiro. Soy una mujer positiva. Más tarde la investigación concluyó que Andrew Cunanan, el hombre que le disparó al diseñador, había actuado solo. Todo sigue siendo un misterio.

La cosa es que sin ese suceso tan desafortunado, yo nunca hubiera entrado a la casa de Versace (la villa estilo español con pórtico renacentista ubicada en Ocean Drive). En pleno corazón del distrito *art decó* de Miami Beach.

Cuando Gianni Versace compró el Amsterdam Palace, originalmente llamado Casa Casuarina, un enorme edificio de apartamentos de los años veinte frente al Océano Atlántico, nunca pensó que lo matarían en la puerta de dos balazos, que su residencia cambiaría de dueño varias veces y que Luis Miguel lanzaría ahí su álbum *Mis romances* en noviembre del 2001. Gianni nunca imaginó que su casa sería por dos días nido de los boleros.

La mansión era completamente alucinante. Ahora que si me piden que escoja mis lugares favoritos, diría que lo mejor eran el observatorio y la alberca que es imponente y ¡gloriosa! Cuando la vi me pareció familiar. ¡No se rían! Es que el fondo de mosaico veneciano era igualito a la camisa más famosa de Luis Miguel. Claro, la camisa Versace que usó en las fotografías oficiales del disco *Aries*, y cuando cantó en la Expo Sevilla 92. Ya saben que no soy una superdotada, pero me acuerdo de cosas todo el tiempo.

En sólo nueve días, *Mis romances* vendió un millón y medio de copias. Así que esa tarde, había cerca de 140 reporteros de casi todo el mundo en el lanzamiento oficial (para certificar que seguía siendo un fenómeno). Por esos días yo vivía en Miami, donde la vida es lenta pero ordenada y, a veces, exótica, como ese jueves.

Afuera de la casona se arremolinaban fanáticos que le gritaban piropos y cosas a Luis Miguel desde la tristemente célebre banqueta. Estaban tan emocionados intentando ver al ídolo que no pensaron que pisaban la escena del crimen. En un momento interactivo, Micky les contestó: "¡*Hellooo!*" y ellos se olvidaron de todo. Flotaron.

Gloria Calzada, Fernanda Familiar y yo formábamos el trio de mexicanas absortas en la contemplación del cantante. Nos sentamos en la primera fila, muy aplicadas. Así que cuando Luis Miguel entró (¿o salió?) al patio central del ex hogar Versace, fue lo primero que encontró.

Para abrir boca y dar la nota de entrada, lo primero que confesó a la prensa internacional fue que "estaba más soltero que nunca, que llevaba veinte años cantándole al amor, pero —sencillamente— no lo había encontrado. Que seguía en la búsqueda".

Por supuesto, todos nos preguntábamos sádica y retorcidamente por Mariah Carey. ¿Qué le pasó a Mariah? ¿Dónde quedó la Carey? Pero cuando alguien hizo la pregunta en voz alta, él respondió tajante: "No tengo nada que decir. Esa relación ya terminó."

Sinceramente… ¡todas nos alegramos! No porque creyéramos que seríamos las siguientes en su lista de amores, sino porque, en general, era una buena noticia. Como cuando el meteorólogo de la tele anuncia que no lloverá en Cancún y tú te alegras, aunque no pienses visitar la playa en los próximos diez años. Aunque en el fondo me dio pena el rompimiento, porque parecían el uno para el otro en París, Argentina, Capri, Los Cabos, Nueva York…

Pero volviendo a la rueda de prensa, se habló un poco de todo: que tal vez haría un video con Thalía, que nadie podía frenar la piratería, que le gusta cantar en español pero no descarta grabar en otro idioma, que no quería hablar de Adriana Fonseca, que no se iba a meter en el tema de su supuesto padre puertorriqueño, que no le gustó que su disquera le prestara a Cristian Castro *Mis romances* para que lo escuchara antes que nadie y que sí se clonaría, pues le parecía una idea muy productiva.

–¿Te clonarías? –le cuestionó un reportero visionario.

–¡Yo creo que sí! Mientras uno estaría aquí con ustedes, otro puede estar grabando y otro haría giras…

Al terminar la conferencia de prensa, en esa casa versallesca había mucha alegría y canapés increíbles (sólo faltaba Donatella para completar el cuadro), así que nos quedamos hasta la medianoche probando entremeses extravagantes para este humilde paladar. Se ve que los organizadores dijeron: "Hay que poner cosas raras que contrasten con lo clásico del disco." Frituras de plátano con crema y caviar, gazpacho helado con vodka, tartaletas de queso con mango y nuez, quesadillas de pato al curry, brochetas de jaiba azul con pan tostado a las finas hierbas, camarones gigantes, frituras de caracol caribeño con whisky, brochetas de pollo con salsa de guayaba y tuna sobre galletas de arroz.

Acostumbro saludar a Luis Miguel cada vez que nos vemos. No tendré galán, pero me tuteo con uno de los hombres más guapos del mundo. ¡Dios aprieta, pero no ahorca! Esa vez le comenté que vivía en Miami con mi chamaco y él contestó muy "cool": "¡Me encantaría verlo!" Me confió que dormiría ahí esa noche, sin saber que yo –a ratos– me tomo las cosas muy en serio.

La tarde siguiente ahí estaba yo, tocando el timbre de la Casa Casuarina con mi hijo de seis años en brazos. Sí, sí, Alex ya caminaba, pero hay momentos en que los niños no entienden el significado de: "No te duermas, mi cielo, que vamos a saludar a nuestro amigo."

Ding, dong… ding, dong… ding, dong… ding, dooong…. diiiiing, dooooong… diiiiiing, dooooooooong. Nadie atendió a la puerta. Me quedé como esas madres de las telenovelas que llevan al hijo para que lo reconozca el verdadero padre. De pronto apareció un guardia y le iba a tirar todo un rollo en inglés para explicarle el motivo de la cita, cuando se me ocurrió algo buenísimo, la que nunca le falla al mexicano: la lloradera. Pensé que era más fácil ponerme a llorar (jaja), para romperle el corazón y me dejara entrar. Pero al tercer puchero Alex despertó y se me quedó viendo raro. Así que aborté el operativo.

Esta anécdota no tiene precio y no me deja muy bien parada. La cuento para que el lector valore el significado de la sinceridad hoy en día, y además por mera diversión. Total, quizá alguien con mucha autoestima comente por ahí: "¡Ay, cómo se humilla esta mujer!" Y ésa es una frase que siempre viste un libro.

LA MUERTE

"SE NOS FUE UN GRANDE DEL ROMANTICISMO"

A Luis Miguel lo han matado ¡hasta del susto! Una de las versiones más recientes dice que murió en el Cedars Sinai Medical Center de Los Ángeles. El templo hospitalario de los grandes. Donde murió Michael Jackson. Donde la esposa de Julio Iglesias tuvo un parto muy elegante, según su ginecólogo.

En abril de 2010 fue la última vez que lo dieron por muerto, de hecho en internet se podían leer obituarios estupendos como: "Se nos fue un grande del romanticismo. Esta tarde Luis Miguel falleció en una clínica de Acapulco, tras un edema fibrilar causado por una mala praxis luego de intentar rejuvenecerse una parte de su cuerpo. Descanse en paz."

Y como de él nunca se espera que niegue ni confirme, las fans tuvieron que aguantar algunos meses el estado de viudez antes de verlo resucitar en el Colosseum del Caesar's Palace de Las Vegas.

El cantante ha pasado a mejor vida con muchas teorías (como la muerte de Kennedy). Por complicaciones de una cirugía plástica, por intoxicación, por una liposucción mal cuidada, por un soplo en el corazón, por sobredosis, por accidente de auto y a causa de una bacteria pulmonar.

Una vez, Micky sufrió un avionazo. Desde la redacción del noticiero *Hechos* con Javier Alatorre me buscaron para que cubriera la emergencia. Ordenaron: "¡Que venga la experta a hacer la nota!" (como el que busca a los buzos cuando alguien se ahoga o cuando llaman a los de S.W.A.T. para desactivar explosivos). Y allá fui.

Esa vez escribí:

Luis Miguel sufrió un aparatoso accidente a bordo de su avión privado cuando se disponía a aterrizar en el Aeropuerto Miguel Hidalgo de la ciudad de Guadalajara. A las 15:30 horas, la aeronave Start matrícula X-AMIK reportó a la torre de control una falla en el tren de aterrizaje y luego de sobrevolar la ciudad para intentar reparar el desperfecto, el piloto intentó un aterrizaje forzoso. El *jet* salió de la pista, lo que provocó un incendio en los motores de la nave, que de inmediato fue sofocado.

Luis Miguel salió ileso del accidente, al igual que sus cuatro acompañantes y el copiloto; sólo el capitán sufrió una herida en la cabeza que fue atendida por el personal de primeros auxilios de la terminal aérea. Las operaciones en el aeropuerto de Guadalajara fueron suspendidas durante casi una hora. En este lapso, la ruta de seis aviones comerciales se vio afectada por el percance.

El intérprete de "Si nos dejan" actuará esta noche en el Estadio 3 de marzo, como parte de su gira *El Concierto*.

Es la segunda vez en lo que va del año que Luis Miguel se acerca a la muerte a bordo de su avión Aries. A principios del 95, la aeronave tuvo problemas cerca de Argentina. Por su intenso ritmo de vida, Luis Miguel pasa gran parte del tiempo a bordo de Aries, el avión por el que pagó seis millones de dólares en 1987. Respecto al accidente de esta tarde, la publirrelacionista de Luis Miguel, Rossy Perez confirmó a TVAzteca que el cantante se encuentra en perfectas condiciones. Una excelente noticia para las seguidoras de Luis

Miguel, que podrán verlo vivo y en vivo en los diez conciertos que ofrecerá en la Ciudad de México a partir del 6 de diciembre…

Martha Figueroa, TVAzteca

Esa noche Micky salió al escenario y compartió con el público: "¡Este día he vuelto a nacer! Les pido que celebren conmigo que estoy vivo…" "¡Qué bendición! —pensé— porque si te mueres, yo muero de aburrimiento y luego de tristeza."

No crean que era mi debut en "muertes de Luis Miguel". No. A mitad del 92 también falleció a consecuencia de un mal gástrico extraño. Decían que había pasado sus últimas horas congelado y encerrado en una burbuja de plástico en espera de un antídoto. Por supuesto yo sabía que era mentira y que todavía tenía a quien perseguir, pero tengo un alma tan morbosa que corrí a verlo al Teatro San Rafael, cuando lo anunciaron en concierto. Entonces los conciertos de Micky no eran lo que son ahora, pero fue un *show* espectacular con todos sus músicos. Antes de entrar, oí a unos que decían: "A lo mejor es un doble y canta con pistas." A mí no me dan miedo los muertos, pero respiré cuando lo vi. Esa noche regresé a mi casa como quien vuelve del más allá: muy iluminada.

En 2003, le preguntaron a Luis Miguel por qué le puso a su nuevo álbum 33, él contestó:

—Porque le quería poner 23, ¡pero nadie me lo iba a creer! Jaja.

Fue ahí cuando le dije al mundo, lo que ya sabe Dios: "Este hombre es un chingón." Guapo, talentoso, inteligente y con sentido del humor.

Micky es capaz de reír cuando hay tormenta, cuando el cielo se está cayendo. Lo comprobé esa noche, cuando nos reunimos para escuchar su nuevo disco.

No quiero desencantar a los lectores que creen que soy buena haciendo poesía y metáforas, pero la tormenta de la que hablo era una depresión tropical verdadera que obligó a Luis Miguel a apagar las 1500 románticas velitas que había preparado en la terraza maravillosa de uno de los hoteles más lujosos de México. Ahí escucharíamos lo nuevo, con vista al mar, bajo la luz de la luna, con el vaivén de las olas de fondo, con varias botellas de champaña.

Pues nada. Acabamos encerrados en un salón, como si la conferencia fuera en... en cualquier parte (iba a poner un ejemplo, pero no se trata de herir a quien ama sus ciudades por muy horripilantes que sean). La buena noticia fue que ¡recuperamos la champaña!

A todo tiene que acostumbrarse una cuando viaja por el mundo —aun cuando esto sea, una vez cada tres años, ja— eso incluye a las sorpresas. Cancún, es lo que tiene. Es un paraíso pero el clima es impredecible.

Esa mañana aterrizamos como de película: por la ventanilla sólo se veía lluvia torrencial, rayos, centellas, y el avión se movía como en *Los sobrevivientes de los Andes*, aunque sin nieve ni amigos de toda la vida. Por supuesto, los lugareños y el personal de Warner Music decían para tranquilizarnos: "¡Así es Cancún! Al ratito abre…"

Pues no abrió. ¡Qué aguacero! Gloria Calzada y yo pasamos toda la tarde asomándonos por la ventana con la ilusión de que apareciera un rayito de sol para broncearnos. Terminamos en el comedor del hotel rindiéndole un tributo al gazpacho.

—¿Y si le pedimos la receta al chef? Está buenísimo —se le ocurrió a "Glorieta".

—¡Qué buena idea! —contesté entusiasta y súper convencida de que era una medida emergente muy creativa para matar el aburrimiento por diluvio.

Si este libro fuera de cocina, les compartía la receta…

Y mientras afuera había una tempestad, adentro tampoco había calma, porque los organizadores del lanzamiento de 33 anunciaban a los invitados a quién le concedería entrevista exclusiva Luis Miguel. No crean que me paso de frívola, pero se vivieron momentos dramáticos. ¡Era como la *Lista de Schindler* del pop! Tú sí. Tú no. Creo que es el único artista en español que para algunos periodistas y comunicadores sigue siendo una asignatura por cumplir o un sueño pendiente. Desata la competencia intergremial. Como diría en Puerto Rico: "Ay, bendito."

El ambiente provocado por los ánimos caldeados tomó su nivel cuando apareció Luis Miguel en el salón antichubascos.

Entró, sonrió, ya sin huequito entre los dientes, y desarmó a los envidiosos.

A ojo de buen cubero, según mi comadre la Calzada, Micky traía puestos como quince mil dólares, si se sumaba traje, corbata y zapatos. El talento más grande del pop en español sigue a salvo dentro de un cuerpo bronceado y elegante. Hay que decir que estaba bien y de buenas, en parte gracias a Myrka Dellanos. A quien, curiosamente, me encontré días antes en la Calle 41 del Doral (en Miami), afuera de Univisión ¡esplendorosa! (ella, no yo), con cara de mujer enamorada, diciendo cosillas melosas por teléfono a alguien misterioso…

Justo cuando terminó la conferencia de prensa, alguien avisó: "¡Va a salir el Sol! No se vayan." Esa sí, para que vean, fue una metáfora. Se refería a que Luis Miguel nos invitaba a un *meet and greet* para convivir y brindar. "Saludo al Sol", uy qué místico suena eso, pensé.

Al final por culpa de un complicado enlace con Javier Alatorre, problemas técnicos con el satélite de López-Dóriga y una larguísima entrevista con Adal Ramones, no hubo ni *meet* ni *greet*, ni nada. Ni un besito.

Por supuesto que, a la mañana siguiente, el cielo estaba ¡despejado! Sin media nube en el horizonte. Será que Dios sabe más de meteorología de lo que pensamos…

¡Total!, estar cerca del mar nunca es tiempo perdido.

DE NERUDA A HAWAII

"Ya no se encantarán mis ojos en tus ojos, ya no se endulzará junto a ti mi dolor. Pero hacia donde vaya llevaré tu mirada y hacia donde camines llevarás mi dolor... Yo me voy. Estoy triste, pero siempre estoy triste. Vengo desde tus brazos. No sé hacia dónde voy..."

Ay, Neruda. ¡¿Por qué te fuiste?! (Claro, qué iba a saber don Pablo que a los 46 se me rompió el corazón y necesito con locura sus poemas.) Mientras Luis Miguel visitaba en Chile la tumba de Pablo Neruda, a kilómetros de ahí, en Valparaíso, una fan caería muerta si un día se le apareciera.

Anna de la Barra atiende una recaudería y desde ese pequeño comercio donde vende frutas y verduras sueña con conocer a Micky, darle todo su corazón y unos obsequios que le tiene guardados desde el 84 (primero lo primero).

En ese año se enamoró de los ojos del cantante y, desde entonces, cada vez que visita su país, llega como puede hasta la primera fila con la ilusión de tocarlo y de que él se lleve de recuerdo un osito blanco de peluche y una tarjeta donde le ha escrito todo lo que significa para ella.

Luis Miguel y su Chile querido se adoran desde finales de los 80. Hay imágenes impresionantes de un programa de televisión con Antonio Vodanovic, donde canta en vivo "Palabra de honor" y al final, las fans se suben al escenario, lo taclean y le caen encima. Tardaron varios minutos en rescatar a Micky del fondo de la montaña humana. Cuando salió, se sacudió el *smoking* sin moño, se atacó de risa por la aventura y se despidió feliz del conductor del programa y del equipo de producción.

Yo digo que Anna es una especie de incondicional entre las incondicionales. Dedica gran parte de las ganancias de la tiendita a inventar juegos, manualidades y *souvenirs* de su ídolo. Cada 19 de abril, por ejemplo, le organiza una fiesta de cumpleaños en su casa y, además, coloca un gran letrero en la entrada de la recaudería para que todos los clientes o transeúntes sepan que ese día nació Luis Miguel.

Para celebrar prepara regalos, un pastel de chocolate increíble y una empanada gigante de relleno misterioso con las iniciales del amor de su vida: LM. Recorta, dibuja, pega, diseña, colorea y es la orgullosa inventora del ajedrez de Luis Miguel. ¡Una pieza de museo! Si el querido Monsiváis viviera, se lo arrebataría para El Estanquillo. Yo se lo cedería porque mi departamento tiene la virtud de que le entra mucha luz, pero pocos objetos. Creo que si meto el ajedrez, tengo que sacar la bici, y me perdonan pero, a mí me van a enterrar con esas dos ruedas de goma.

No saben cuánto admiro a los jugadores que pasan horas frente al tablero, concentradísimos. Mi papá quiso enseñarme a jugar desde niña, pero el alfil, la reina, los peones, el rey, los caballos y las torres no se me daban... y la *concentrancia* ¡menos! Cuando me decía: "A ver Marthis, piensa cuál tienes que mover...", yo le proponía que mejor jugáramos a "tú las traes". ¡Un día, me hice la dormida! Eso sí, me encanta cuando alguien dice "jaque mate".

Como Anna, hay otros fans regados por el planeta que dedican esfuerzos extraordinarios a Luis Miguel. Cristina

Mari es una italiana que aprendió español y estudió letras españolas con tal de entender las canciones de Micky.

Eloise toca base en Los Ángeles, California, pero sigue a Luis Miguel por todo el mundo. Además de besos y apapachos en los conciertos, un día el cantante le regaló la corbata que traía puesta esa noche (nota de la autora: ¿y si la subastamos?).

En Israel, hay una mujer que sin hablar ni pizca de español ha creado una página para promover la música de Micky, quien ha ganado tres veces como Mejor Cantante del Año en el único programa latino de la estación de radio más importante de aquel país. El portal se llama LOVE2LOVEU (love2loveu.freehostia.com) y ahí los fans israelitas pueden enterarse de giras, noticias y todo lo relacionado con Luis Miguel. La mujer trabaja incansablemente y pide sólo una cosita: que Luis Miguel haga una gira por Jerusalén, Tel Aviv, Haifa y Rishon le-Tsiyon.

En Chile, Paola Baghetti se rompió el pie en Viña del Mar. Saltar mientras cantas "Cuando calienta el sol, cuando calienta el sol, uoh uoh…" a veces tiene consecuencias. Sin notarlo, Paola manejó hasta Santiago y voló a México. Aquí el doctor le dijo que tenía que enyesarle el pie y le ordenó seis semanas de reposo. Por supuesto ¡lo mandó por un tubo! y con una férula que le puso otro médico, bailó y cantó feliz con sus colegas (fans) en cuatro conciertos de Luis Miguel en D. F. y Monterrey.

La historia de Silvia, una aguerrida española, no tiene un buen final. Pero antes de morir de cáncer logró uno de sus grandes sueños: estar cerquita de Micky. En un concierto, Luis Miguel vio que se abanicaba acalorada y, sin adivinar que era a causa de la quimioterapia, le quitó el abanico, lo usó, lo besó y se lo devolvió. Yo digo que a veces respirar el mismo aire te une mucho. Como dijo nuestro consentido: "Hoy el aire huele a ti, a complicidad…"

Es increíble, pero te encuentras fans *everywhere*. Mónica Nuñez radica en Hawai, pero lejos de bailar "Dulces manos" (*lovely hula hands*) y tocar el ukelele, trabaja en la U.S. Army. La Marinera de Luis Miguel, como la apodan las otras fans, se acercó al escenario en uno de los últimos conciertos en Las Vegas y le colgó a Micky un collar de flores, un *lei*. Cuentan que él le dijo: "¡Aloha!" y la besó muy "significativamente." Lo que quiera que eso signifique.

¿Les dije que Luis Miguel ama la música brasileña? Escucha, por ejemplo, a Bebel Gilberto, Antonio Carlos Jobim, y al grupo Revelaçào, que es lo máximo. Me acordé por la anécdota que sigue.

Hay un fan que es, como dice Euge, de colección. Él es Antonio Carlos Anolasco, brasileño de 35 años, quien asegura que el día que escuchó cantar "La barca" a Luis Miguel en una película, todo cambió: "Hay personas que dicen que sus vidas no serían las mismas sin él, yo soy una de ellas." Dice que le alimenta el espíritu…

Mira, ya somos dos.

HISTORIA DE UN LIBRO

Una vez llamé a las oficinas de Lion Enterprises, la antigua empresa de Luis Miguel, frente al restaurante The Ivy, para pedir una cita con el cantante o, de perdida, con su mánager Alejandro Asensi (un guapo y encantador valenciano, con el que la cosa terminó mal).

Les dije que se trataba de un asunto muy importante y que —como mujer y periodista moderna— me podía desplazar adonde y cuando quisieran para la cita, que ése no era un problema. En octubre del 2003, no me pregunten por qué, me dio un subidón de autoestima y todo me parecía muy sencillo.

Así que trasladémonos a Los Ángeles, California. Me invitaron a un concierto de Luis Miguel en el Universal Amphiteatre y allá buscaríamos el momento para la charla. El UA estaba tan lejos del hotel donde me hospedé que, de aquí a que llegué a lo alto de la colina, me dio tiempo de repasar mentalmente el discurso que les daría sobre el proyecto que me traía entre manos. El taxista, con cara de asesino me dijo: "Son cincuenta dólares." Entonces yo le pregunté inocente y amigable: "¿Aquí es?" y él, sin articular palabra, me lanzó una mirada como diciendo: "¡No! Te traje a otro lugar." Así que me bajé y caminé a la puerta seis o *artist entrance* donde —según instrucciones de la oficina del cantante— yo tendría acceso VIP.

Cuando llegué le dije al guardia con una sonrisa presumidilla. "Tengo invitación especial de Luis Miguel", pero él, sin impresionarse para nada, me buscó en la lista de acceso y abrió la puerta sin decirme *welcome* ni nada. "¡Qué poco detallista es la gente que trabaja en Los Ángeles!", pensé.

Pero la presunción se me cayó a los pies antes de dar veinte pasos, porque en ese patio había un gentío. Y yo que pensaba que era una reunión privada. No, qué va. Era un mega coctel con un montón de invitados, canapés, totopos, guacamole y margaritas. Después de un rato, cuando el concierto estaba a punto de empezar, apareció Asensi y me llevó a una sala improvisada que estaba por ahí.

Me preguntó qué necesitaba, que le dijera qué era eso tan importante que tenía que hablar con Luis Miguel.

—Es que voy a hacer un libro de Micky…

—¿Un libro? —contestó con una cara de súbito terror.

—Sí, va a ser un libro increíble, con historias, anécdotas, fotos maravillosas. Un documento que muestre mi admiración por Luis Miguel y todos los años que he seguido sus pasos, ¿te imaginas qué divertido?…

—¡No! ¡Imposible! —me dijo.

Como si yo le hubiera confesado: "Es que quiero matar a Luis Miguel y luego terminar con su carrera, en ese orden. Contaré toda la historia de su familiares cercanos, medianos y lejanos, y haré un perfil profundamente despiadado de todas las parejas que ha tenido desde que lo conozco."

—Pero, ¿por qué? Soy yo, ¡Marthita! la de "tanto tiempo disfrutamos de este amor…"

El valenciano guapo me explicó que a Luis Miguel no le interesaba que nadie contara su vida, que tenía serios problemas con los libros que ya se habían publicado (supongo que se refería básicamente a los de Claudia de Icaza y Javier León

Herrera), y que sería terrible –y una pena– que también lo mío terminara en desastre. Y que de nuestra amistad, ni hablar.

Se levantó, sonrió y me dijo: "¡Pero disfruta el concierto de esta noche! Gracias por venir. Ya tienes tus *tickets*, ¿no?"

Yo le pedí que por favor platicara con Luis Miguel de mi proyecto y que yo estaría muy pendiente de su respuesta en el Hotel Sofitel. ¡Muy cerca de la oficina de Micky! (Agregué para animarlo, ja).

–¡Vale, guapa! –se despidió.

Y yo, con el ánimo en el suelo y el alma en un hilo, me fui a sentar derrotada. Por puritito amor propio ¡y porque el hotel estaba en casa del demonio! me quedé y canté. Total, ya qué.

Era el tour 33 y uno de los conciertos más nostálgicos, porque incluía un popurrí grandioso de sus primeros éxitos como "No me puedes dejar así" y "Palabra de honor". Además, esa noche, Luis Miguel platicó que cuando tenía casi 15 años vivió un momento muy difícil, el complicado cambio de voz. Confesó que llegó al estudio de grabación y no podía cantar pero, por fortuna, su padre Luisito Rey estuvo ahí y lo ayudó a adaptarse a su nuevo color de voz. Dijo que gracias a él pudo superar el trance y estar hoy arriba del escenario.

Para cerrar en grande cantó "Te necesito" pero, cosa rara, se le olvidó toda la letra. Es que puede ser enredada ¿no? "yo te necesito como el aire que respiro como huella en el camino como arena al coral, te necesito, como el cielo a las estrellas y el invierno al frío…" Ante el gritadero, doblado de la risa y dándose golpes en la cabeza, apenado por el olvido, soltó un divertido: "¡Eso me dolió!", lanzó un gran beso y recibió una ovación ¡que parecían dos!

Y yo… yo lo conté en un libro.

RAREZAS Y TESOROS

Luis Miguel, definitivamente, no es un vampiro. Aunque "su voz no está hecha para usarse de día", como diría Sinatra. (Además, acuérdense que odia la sangre.)

Me han preguntado cosas tan extrañas de Luis Miguel que tuve que pensar mucho el título de este libro. El nombre me parece precioso, pero podría haberse llamado *¿Cómo acercarse a Luis Miguel?: reglas sencillas, El reportero llama dos veces, El mundo extraño de Micky, Tú tranquilo, yo nerviosa*, (por aquello de que, a veces, los homenajes no son bien recibidos). O para el mercado de Estados Unidos: *The Luis Miguel survival guide, The Ultimate guide to Luis Miguel, Luis Miguelation*.

Que si cierra todos los lugares para el solito. Que si hace que los amigos firmen con sangre un pacto de discreción. Que si sólo sale de noche. Que si no puede oler plumones gruesos porque se le cierra la garganta. Que si no le puedes hablar de frente. Que si nunca contesta personalmente el teléfono. Que si es un hombre súper infeliz. Que si raramente usa un celular. Que le tienes que decir señor o si no, se enoja…

Bueno las dos últimas, sí son reales. Una vez llegó a ensayar y cuando saludó a su *staff*, uno de los técnicos le dijo: "¡Hi *'buddy'*!", y Micky furioso contestó: "*¿Buddy?* Yo no soy tu *buddy* ¡soy tu jefe!" Bueno, definitivamente, Luis Miguel es menos "normal" (y más espectacular) que los hombres promedio. Pero de eso a ser extraño hay un abismo.

Mejor ocupémonos de otras rarezas. De esas que vuelven locos a los coleccionistas. Las fans de Luis Miguel tienen un montón de tesoros. Cuando me prestaron parte de la memorabilia para las fotos del libro... ¡perdí la paz! Pensaba, ¿y si entra un ladrón a media noche y se los lleva? ¿Cómo les explico que perdí sus autógrafos? ¿O el *long play* de colección de *Un hombre busca a una mujer*? ¿Y la toallita con la que Luis Miguel se secó el sudor? No sabía dónde esconder al Micky de cabecita bailadora para protegerlo de cualquier desgracia (¿no es precioso? está en la contraportada).

Sé que para las fans tiene un valor más sentimental que nada, pero, viéndolo bien, aquí hay negocio. Odio las comparaciones pero ¡amo los ejemplos! Estaba leyendo que el guante blanco de Michael Jackson se subastó en 350 mil dólares. Un frasco de sangre de Ronald Reagan que le sacaron después del atentado del 81, en 4 600 dólares. Y un *jersey* de Babe Ruth, 4.4 millones de dólares (talla grande, porque era orondito).

Quizá mi caso favorito es la ropa interior de la reina Isabel. Resulta que en un viaje a Chile hace cuarenta años, olvidó unos calzones en el avión, me da terror preguntar cómo o por qué, y los propietarios ahora esperan obtener seis mil dólares con la venta.

Por cierto, ya que estamos en la sección "Prendas íntimas", hace algunos años una empleada de un hotel en Buenos Aires fue despedida por robarse una de Luis Miguel. Se ve que la recamarera con visión empresarial dijo: "¡Algún día valdrán una plata!" y se agenció unos calzoncillos, aunque ella confesó que sólo los quería de recuerdo. Era de marca Dolce & Gabbana, negro y tenía bordadas las iniciales LM.

No justifico a la señorita, pero qué tentación, ¿no? Si yo fuera recamarera —¡me escondería de Dominique Strauss-Kahn!—, pero me encantaría fisgonear en el clóset de Luis

Miguel. Es un lugar que siempre he querido conocer. Debe ser como Disneylandia, "*The happiest place on earth*". ¿Lo acomodará por colores? ¿A qué huele? ¿Cuántos trajes tiene? ¡Las corbatas! Me da un morbo...

En lo musical, las canciones no grabadas oficialmente, es decir, las que no aparecen en ningún disco del artista, son de las rarezas más cotizadas. Es una lástima que este libro no sea multimedia o como esos libros infantiles que tienen sonidos en un costado, porque me encantaría mostrarles los tesoros que tengo. Bueno, se los describo...

Tengo un disco especial. Uno de mis *tracks* favoritos es Luis Miguel ensayando y vocalizando cuatro minutos con acompañamiento de piano "... la ri ri riiiiiii, uoh uoh nana ri nahuo... uoh, solooooo... nananineee, lara rire, nari ri ri i i i..." Luego, están los anuncios de papas fritas, con *jingle* y todo.

—Doña Lupe, mis Sabritas...

—¡Luis Miguel! ¿Qué haces aquí? (ah, qué doña Lupe tan curiosa).

—Es que no resistí visitarla.

—Y sigues sin resistir tus Sabritas...

—¿Qué quiere? Nadie puede comer sólo una... Acuérdese: ricas, doraditas, crujientes, saladitas, las papas de Sabritas te brindan un sabor singular... Sensacionaaaal... (malo, malo, malo).

O la canción que grabó para mi refresco preferido con la melodía de "Será que no me amas": "... me gusta su frescura, me gusta por su chispa... vive la sensacióoon, sólo con Coca-Cola..."

El *track* cuatro causa desmayos a los fanáticos porque es muy difícil de encontrar, según me han dicho. Es Luis Miguel cantando "Renacer", la de Gloria Estefan. ¿Se acuerdan? "Un vacío, un gran dolor, me dejó tu ingrato amor, al partir…" O sueña en inglés: "*Someday, when we are wiser, when the world's older, when we have learned… I pray someday we may… That bright afternooooon*" (traducción de… y el sol brillaráaaaa).

También hay cosas muy chistosas como Luis Miguel cantando "Las mañanitas" en versión española: "Que los cumplas feliz, que los cumplas feliz, que la dicha te acompañe y los cumplas feliz…", pero a ritmo de jazz de Nueva Orleans.

Y mi rareza consentida, una versión de "Fría como el viento"… ¡en salsa! Yeeeeah. Los coros cantan "fría como el viento, peligrosa como el mar", mientras Micky se pone guapachoso como nunca: "Ay yo quisiera tenerte, quisiera adorarte y también poseerte…" (ouch) "… fría como el viento, peligrosa como el mar… eres como una espinita que se me ha clavado en el corazón…" ¡Azúuuuuuucar! Ésta y "Renacer" están en mi ipod.

Como *bonus track* podemos ofrecerles (llévelo, llévelo) el video de un especial de televisión, producciones Raúl Velasco, titulado "El rey Sol", donde Micky sale de pirata. ¡Vaya churro!

Y ya si nos metemos en territorio de mercancía ilegal, que no me da ni orgullo ni placer, tengo dos discos por si algún día progresa la iniciativa de abrir un museo del pop. Un día, pasando por el mercado sobre ruedas, un marchante me regaló emocionadísimo el nuevo álbum de Luis Miguel *Cómplices*, en versión pirata.

–Ándele, Marthita –me dijo–, usted que es muy fan. Se lo doy con mucho cariño.

Cómo negarme. Cuando leí la lista de temas, me asusté porque una se llama "Amor de leche" y otra "Disen", que te lloraban los ojos nada más de verlas. Los títulos correctos eran "Amor de hecho" (¡ja!) y "Dicen".

También tengo uno de esos discos callejeros que, entre los grandes éxitos de Luis Miguel incluye "La Vaca" (jaja), esa que dice: "hoy mi playa se viste de amargura, porque mi BARCA tiene que partir…" Me costaba creer que Micky fuera a cantar temas campiranos.

"NO LLORES..."

(LE DIJO MICKY ANTES DE DESPEGAR)

Se llama Jorge Chávez. Según *The World Travel Awards*, el premio Óscar del turismo, es el mejor aeropuerto de América del Sur. Para los que gustan de las ubicaciones exactas, por tener información internacional, está a diecinueve kilómetros del centro de Lima, Perú.

Luis Miguel pasa media vida en el aire. En un avión. En muchos. Se va y vuelve, vuelve y se va. Todo esto para contarles que antes de un trayecto Lima-Punta del Este...

—Hola, mi reina, ¿cómo estas? —le dijo Micky a una mujer en la pista antes de despegar...

La mujer no aguantó y se puso a llorar.

—No llores...

—Discúlpame... Tengo una situación bastante difícil en estos momentos. Sé que no es tu culpa, pero algo debe de hacerse...

—Pero, ¿qué pasa? No entiendo... *What's going on? We have to do something!* —le pedía el cantante a su inseparable Big Daddy (mi Anthony).

Parece telenovela, pero no.

Lo que ocurría en el premiadísimo aeropuerto era que las autoridades no dejaban a las fans peruanas traspasar la valla para acercarse a saludarlo. Sólo una la libró y fue hasta la camioneta del ídolo a pedirle ayuda. El ex mánager tuvo una idea muy decente que consistía en que Luis Miguel asomara la cabeza fuera del auto y agitara la mano en gesto de adiós comunitario. No estaba mal, pero tomando en cuenta que los fans estaban a siete metros de distancia, en plena oscuridad, eso y nada, era lo mismo.

—Yo no quiero saludarlas así... ¡quiero saludarlas bien! (gritó Luis Miguel)

En ese momento, la mujer se volvió a enamorar de él. Se secó las lágrimas y se sirvió con la cuchara grande...

—Micky, tengo que decirte que... ¡estás divino!

—Gracias, mi reina.

—No, no me estás entendiendo. No me refiero a que estás más delgado o que estás más guapo que nunca. Me refiero a que te veo mucho mejor de aquí, de adentro (y le señaló el corazón). Y debes de luchar para mantenerte así siempre. Hay muchísima gente que te quiere y queremos lo mejor para ti. Que seas feliz. (Nota de la autora: para que vean que no soy la única psicóloga suelta).

—¿En serio? Muchas gracias —y le acarició la cara.

Les digo que Luis Miguel es un tipazo. A otro le dicen eso a medianoche en la soledad peruana y sale corriendo. ¡Con tanto Chapman y tanta Yolanda Saldívar sueltos por la vida!

—Y, ¿ya sabes que te seguimos por el mundo?

—¿Seguirme por el mundo? —preguntó el paciente y santo Micky—. ¡No, no sabía! Cuéntame como ésta eso...

—Pues, mira, Chile 1999, México 2002...

—¡¿Mexico 2002?!

—¡Claro! Cuando estuviste en el Azteca y en el Auditorio, ahí estábamos nosotras también. ¡Ahora nos vamos a Buenos Aires!

—¿Se van a Argentina? (Aparte de santo y paciente, incrédulo.)

—Así es, así que ahí nos vemos…

Ése fue uno de los momentos más felices en la vida de Lucy Gómez, que tiene doble vida, como Gatúbela: ejecutiva de cuenta de un bróker textil de día y presidenta del *fan club Cómplices de Luis Miguel* de noche. Ese día se compró una blusa linda, fue a la peluquería, se hizo manicure, pedicure… ¡servicio completo para recibir al Rey!

Yo venía de una experiencia inolvidable y maravillosa en Santiago de Chile (en el 99), donde Luis Miguel recibió a sus clubs de fans en la *suite* presidencial del Hotel donde se hospedó. Pensé que esta vez, también pasaría… Como a la 1:30 pm nos llamaron para decirnos que Alejandro Asensi quería saludarnos y nos esperaba en el hotel a las seis de la tarde. A esa hora llegamos al hotel cargados de los regalos que teníamos preparados para él desde el 97.

¿Quién guarda un regalo seis años? Bueno, seis años con dos horas, que fue lo que esperaron en la banqueta, hasta que los recibió el ex mánager valenciano.

Súper amable, nos saludó a todos y ahí le entregamos el trabajo del club (donaciones, notas de prensa, etcétera), los regalos y demás, y estaba muy agradecido… pero nos dijo que a esa hora Luis Miguel se estaba preparando para el concierto y no era posible que recibiera a todo el club. Ofreció que sólo la vicepresidenta y yo subiéramos… ¡Imposible! Atrás de mí los fans lloraban y de haber aceptado, mi club moría, con las ilusiones de todos.

Las fans están hechas de diferente madera: yo hubiera aceptado. ¡Mejor cantante del mundo para mi solita!

Cuando vió las caras de todos, dijo que iba a pensar qué hacer y desapareció media hora. Nosotros ya nos jalábamos de los pelos, por la proximidad del inicio del concierto y la lejanía del lugar donde estábamos. Felizmente a las 8:30 pm bajó Alejandro con la noticia de que podría haber una oportunidad de que Micky nos recibiera en el aeropuerto. Que sólo nosotras podíamos ir en una de las camionetas del *crew* y los otros fans debían organizarse y alcanzarnos allá de volada. A las carreras llegamos al concierto, cuando ya había empezado. El club fue ubicado en los dos extremos en la primera fila (¡gracias Lion por este regalo!). A mitad del concierto, Stephanie –la asistente del mánager– nos pidió que estuviéramos listos antes de que terminara el concierto para irnos con ellos. Yo ya me había cambiado la blusa lindísima por una camiseta del club, así que ya era un desastre porque sudé como loca y se me había corrido el maquillaje.

Interrumpo para decir, ¡qué emoción! ¿Les ha pasado que están a punto de vivir algo increíble y les hormiguea el cuerpo? A mí me sucede. Aunque a estas edades lo que una siente ya no son mariposas en el estómago, sino zopilotes en el endometrio. Es igual. Estamos justo en el momento previo en que las fans se encuentren con el amor de su vida. Junto al avión… ¡Qué momento tan *Casablanca*! Mientras Luis Miguel cantaba "Te propongo esta noche, al amor darle oportunidad, olvidar lo pasado, entre luces y música bailar… hoy es noche de luna llena y huele a amor, hay que dejar hablar al corazón…"

A los que nunca han estado en un concierto de Luis Miguel, es cuando ya todos perdimos el pudor y brincamos felices con él: "Te propongo, te propongo, te propongo…"

Justo, fue cuando…

Nos jalaron para irnos detrás del escenario, donde se ubican las camionetas de Luis Miguel. Pero todos los fans estaban separados y absortos viendo el concierto. Para muchos era la primera vez, así que no los culpo por no reaccionar cuando les pedía: "¡Corran a buscar un taxi! ¡Vámonos al aeropuerto!" En medio de la conmoción, le pedí ayuda a la ex presidente del club, pero ella es una persona tan centrada y tranquila que me dijo que ella no pensaba ir al aeropuerto (nota de la autora: ¿quéee? Que bueno que fue "destituida". ¡Coopere ex presidenta, coopere!). Entonces le pedí a Martha, mi amiga de México, que por favor se encargara de agrupar a todos y llevarlos al aeropuerto. ¡Pobre de mi amiga!, menuda tarea que le dejé. También tuve que dejar a mi presidenta vitalicia, porque sólo podían ir dos en las camionetas oficiales, Imelda y yo...

¿Presidenta vitalicia? Eso es organización y no payasadas.

Estábamos a bordo de las camionetas, cuando Micky seguía con "Cuando calienta el sol"; de repente terminó la canción, él se subió a su *van* y partió el convoy rumbo al aeropuerto. Es alucinante eso de que la gente grite: "Otra, otra, otra", y Luis Miguel ya no esté en el lugar...

Cuando nos dimos cuenta estábamos solas en la camioneta, con el chofer y una señora. Inmediatamente supe que se trataba de la señora Edith, ¡la nana de Luis Miguel!, así que cumplí con otro de mis grandes sueños: hablar con esta mujer tan querida por Micky...

Efectivamente el arma secreta de Luis Miguel se llama Edith. Estoy segura de que nadie pensaba que Luis Miguel planchaba y almidonaba su ropa, ni se encargaba de darle personalmente brillo a los zapatos, ni de colgar las corbatas, ni de que sus trajes carísimos viajen impecables sin ninguna arruga, ni cuidar los calcetines (que siempre sean dos y perfectos, que ninguno se extravíe misteriosamente en el lavado). De cualquier manera, la autora —que soy yo— cree conveniente confirmar que, en efecto, él no se ocupa de eso. Su nana, valet, asistente de cuidados personales y responsable de las grandes felicidades de todos los días, es la señora Edith (que sobra decir que es una tumba y jamás revela un detalle del patrón).

Señora querida, desde aquí le mando un abrazo y una gran ovación de pie. ¡Maestra! (Apa' chambita, ¿no?)

Durante todo el trayecto estuvimos en contacto por celular con las chicas del club. Sólo algunas se organizaron y se aventaron semejante hazaña. Otras se quedaron a ver el concierto y algunas, simplemente, ya no creían que íbamos a ver a Micky y perdieron la fe. Cuando llegamos, la *van* azul de Luis Miguel ya iba a entrar al hangar (entrada directa y prohibida para quien no tenga autorización), pero cuando el mánager se dio cuenta de que nueve chicas estaban ahí, el pobre se agarró la cabeza en señal de preocupación absoluta y ya no siguieron adelante, se estacionaron. Imelda y yo nos bajamos a saludar a las demás y me di cuenta de que una mujer del aeropuerto le negaba a Alejandro que nosotras entráramos cerca de los aviones.

¡Qué cruel es el destino con las fans!

Veo al señor Joe Madera diciéndole al mánager que "el señor quería hablar con él". En eso, la camioneta que tenía al lado mío se abrió y ¡vi la mitad de Luis Miguel sentadito! Me doblé un poquito a la derecha y lo saludé con un "Hola", a la distancia. Él estiró la mano en señal de saludo, lo que me dio la confianza para acercarme... ¡Ay, mi madre!

–Hola mi reina, ¿cómo estás? –me dijo Micky en la pista. Antes de despegar.

Sí, era ella.

Joe Madera le dijo a Luis Miguel que la única opción que quedaba ante la negativa de las autoridades del aeropuerto de dejarnos entrar era que su camioneta retrocediera adonde estaban todas las chicas y él ahí saludara. ¡Luis Miguel aceptó encantado al instante! La *van* se cerró y yo corrí hacia ellas con el dedo pulgar levantado, en señal de triunfo…

Cuenta que Micky se bajó de la camioneta "extremadamente guapo y encantador, con un abrigo que le daba un porte impresionante y una a una fue saludando a los miembros de mi club, de mano y de beso… ¡y casi una a una se fueron desmayando! Algunas lloraban y él, súper lindo, les decía que *no* y les secaba las lágrimas. Imelda se puso a acariciarlo, dándole de besos, y yo al ver ese espectáculo, me sentí completamente feliz. Sólo atiné a darle otro beso y abrazo fuerte."

No hubo fotos, pero mudas de la impresión, las peruanas recuerdan perfecto cuando Luis Miguel se despidió, se subió a la camioneta, de ahí al avión y… ¡adiós! Uruguay lo esperaba con más historias…

Lucy no se ha perdido una gira de Luis Miguel desde 1999, y ha tenido la suerte de viajar a otros países para verlo. Por supuesto, dice que no hay nada como disfrutarlo en su propia ciudad y ser la anfitriona, aunque también muera de estrés, se llene de responsabilidades, pase mala noche, no coma, ni duerma. Y aquí viene la parte que me encanta: su novio Félix… ¡también es fan! y son re dichosos.

Juntos pasaron una noche, escondidos, calladitos y acurrucados ("¡no hagan nada, no griten, no respiren!"), compartiendo en la oscuridad... ¡un ensayo de Luis Miguel!

¡Mis amigas confirmaron que soy una loca total! Félix y yo nos colamos al Jockey Club y nos escondimos detrás del escenario hasta las tres de la madrugada, muertos de frío, pero pudimos escuchar todo el concierto cantado por el mero, meritito Luis Miguel. ¡No podíamos de la emoción! Fue maravilloso, me acuerdo y me enchino. Aunque no veía ni sus luces, lo oíamos perfecto, inclusive pudimos escuchar el ensayo de temas adicionales como "Siento" y "Tal vez me mientes", que estaban geniales, aunque no los incluyó en el *show* del día siguiente.

Tuvimos una noche muy romántica, escondidos, con la voz de Micky en nuestros oídos. Sobre todo en dos temas que son hiperespeciales para nosotros como pareja: "Lo que queda de mí" y "No existen límites".

Estoy de acuerdo. Cuando escucho, por ejemplo, "Hasta que me olvides" o "Tengo todo excepto a ti" me entran ganas de correr a buscar a alguien. Alguien en particular. Correr como Forrest Gump. Ay, qué poco saben del amor los que nunca lo han vivido... en un oscuro rincón.

Como dice Lucy, Félix es un *superado* (amo esa palabra). Es mecánico de aviones y los sábados no tiene problema en llegar vestido con playera de Luis Miguel a su oficina llena de hombres rudos. Obvio, los rudos se burlan de él, pero él... ¡se muere de risa con ellos! Superado.

Pienso en los fans y me pregunto: ¿Qué sentirá Luis Miguel ante la adoración sin límites? Es objeto de un estudio psicológico profundo. Pero ¿¡quién tiene tiempo para eso!?

LA "TÍA" JESS

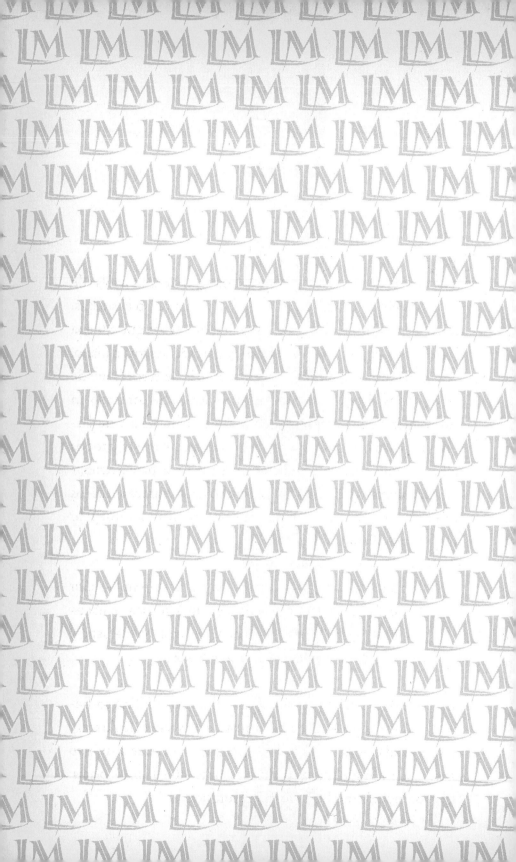

Desde pequeña, Jessica Sáenz fue muy propensa a hablar de Luis Miguel. Una actividad que si la abrazas ya no la sueltas. El primer chismito lo escribió en una mini revista que editaba con dos amigas del colegio, en hojas engrapadas, escrita a mano.

En la última década lo ha seguido más de cerca (muy de cerca) y por él, se ha transformado en otra... Se convirtió en una mujer afgana con burka en Estonia, para no ser descubierta con su camarita cuando Luis Miguel, Aracely y todos los Arámbula bajaron de un crucero. En turista, para patrullar en cuatrimoto su casa en Playa Bonfil. En *paparazzi*, tras los arbustos del Caesar's Palace, para conseguir una foto. Y lo mejor: en embarazada.

> Me puse una botarga simulando una panza para verlo entrar al ginecólogo con La Chule, cuando faltaban unas semanas para que Miguelito naciera. Bueno, hasta su tía me sentí y estuve a dos de ponerme a tejer chambritas.

La "tía Jess" se coló en el consultorio del doctor Kline en Beverly Hills y logró una de las primeras imágenes de Aracely embarazada, aunque para eso tuvo que someterse a un *pap smear*, que aunque suena chistoso es un terrible Papanicolaou. El profesionalismo hasta lo más profundo.

Jessica es fan de Luis Miguel desde el 87, cuando siendo una adolescente (iba a poner puberta, pero me arrepentí) compró el álbum *Soy como quiero ser*. Dijo: "Qué chavo tan guapo y qué letras tan padres tienen sus canciones", luego bailó en un concurso "Ahora te puedes marchar", (cosa que te puede unir por siempre a un hombre) y lo escuchó cantar en el Instituto Cumbres sin saber que eso marcaría su destino.

Siempre he pensado que la vida trata con malicia a los que tienen mucho potencial. Pues eso. A esta niña fanática, la vida la colocó en el periodismo rosa. Si he de ser específica, en la revista *Quién*.

Cuando entrabas a la redacción era fácil identificar su escritorio. Sobre él convivían computadora, teléfonos, fotos, papeles, plumas y una playita zen, donde habitaba su artista favorito. Cada vez que iba a viajar para buscar una nota suya le rezaba: "Por favor, Micky, déjate atrapar."

Pasaron los años y mientras hacía reportajes sobre su vida, me di cuenta de que su historia es muy interesante. Entiendo que no debe ser muy cómodo para él que la prensa indague en su vida personal, pero es un personaje fascinante. Habrá quien diga que sólo le importa su carrera y su música, y es muy respetable; pero a otros (me incluyo), por una curiosidad inexplicable, nos llama la atención todo ese misterio que le rodea.

¿Cómo me hice fan? Después de seguir sus pasos, además de conocer un poco más del ser humano –con problemas familiares como cualquiera– con luces y sombras, creo que sentí empatía con él, con el hombre que está detrás del ídolo inalcanzable. Me impactó saber cómo Luis Miguel puede ser un motivo por el que muchas personas sean felices y para que otras desearan seguir adelante. ¡Una ilusión para tanta gente! De todas edades, profesiones, nacionalidades, clases sociales.

"Es precioso todo lo que estás diciendo", le digo comprensiva y solidaria. "Me encanta que lo expreses, pero… ¡cuéntanos tus andanzas tras de Micky!" Hay momentos en la vida de una escritora en los que sientes la presión de contarle cosas al lector. Éste es un momento de esos…

En 2004, fue de las primeras veces que fui a perseguirlo. Estaba muy verde en eso de la *paparazzeada*, pero me mandaron a Miami. En aquel entonces él andaba con la periodista Myrka Dellanos y nos enteramos de que estaría hospedándose unos días en el Hotel Biltmore, ni más ni menos que en la *suite* en la que el célebre mafioso Al Capone se quedaba.

¿Ven? Insisto que la energía de los huéspedes ronda las habitaciones hoteleras y provoca cosas…

Fueron dos días cardiacos. Llevé chocolates rellenos con tequila para sobornar a los *bell-boys* y ¡funcionó! No es que me platicaran todo, pero confirmaron que el Sol estaba ahí. El fotógrafo y yo hicimos un *scouting* alrededor de toda la propiedad y el mejor lugar para hacer guardia y no ser vistos era desde el campo de golf, que estaba vacío. Para asegurarnos de no ser descubiertos, nos recostamos dentro de una de las trampas y pasamos horas ahí con calor, luego lluvia torrencial y los mosquitos nos comían. Pero nosotros… ¡estoicos!, con la mirada fija en los balcones de la *suite* de Luis Miguel. Cuando se encendieron las luces, el corazón nos dio un vuelco. De pronto una silueta masculina salió al balcón y justo cuando íbamos a tomar fotos, escuchamos sonar el teléfono del cuarto ¡y Micky se regresó! No logramos tomar nada. Los reflejos nos traicionaron.

Pero "el cartero siempre llama dos veces", así que en otro intento Jessica lo atrapó. Acompañado de otra...

En Acapulco, ese mismo año. Él estaba con una mujer en el restaurante Astilleros, y no había más opción que meterme al lugar y tratar de tomarle una foto o, al menos, observar qué pasaba en su mesa. Mis compañeros fotógrafos se quedaron afuera y yo, al estilo espía, les hablaba por el radio con claves. Les decía cómo iba vestido, cuánta gente estaba con él y en qué parte de la cena iba para que cuando pagaran la cuenta, ellos estuvieran muy atentos para la foto. Pero en medio de la misión imposible llegó un cuate a la barra a platicar conmigo. En plan ligue, me dijo que conocía muy bien a Micky, que me lo iba a presentar. ¡Casi me muero! Era una mezcla de nervios, emoción, estrés... Y, la verdad, me sentía mal porque no podía decirle al acomedido amigo que yo iba en calidad de *paparazzi*, pero me aguanté. Cuando Luis Miguel se levantó de la mesa, se acercó a despedirse de su amigo, quien le dijo: "Te presento a Jessy, una amiga." ¡Me temblaban hasta las pestañas!, porque Micky me tomó la mano y me dio un beso...

Aquí veo súper oportuno agregar que, según el relato de la señorita Sáenz, los dientes blanquísimos de Luis Miguel hacían contraste con el bronceado maravilloso. Además, despedía un aroma delicioso que hasta la fecha no ha podido identificar (ni olvidar). Es lo que tienen las lociones de 550 dólares, ¡que son memorables!

—Íbamos en que te dijo "Mucho gusto" y tú, enmudeciste...

Sí... Entre la impresión de que me estaba saludando, el cargo de conciencia de saber que mis fotógrafos estaban afuera a punto de pescarlo y un martini de sandía que bebí nerviosamente, sentí que las piernas no me respondían y la lengua sólo tuvo a bien decirle: "Muchas felicidades." ¿Felicidades? ¿De qué? ¡Si no era Navidad ni su santo ni su cumpleaños! ¡Maldición, cómo no le dije que por favor me diera una entrevista!

Él muy amable y con su peculiar forma de decirlo se despidió con un "Gracias" y yo casi me desmayo porque le había dado el beso de Judas. Y bueno, mis compañeros lograron captarlo en su hummer, al lado de quien luego investigué vida y milagros: Cecilia Romo, una afortunadísima fan que lo conoció cuando ambos eran unos adolescentes y su amistad había perdurado, al menos hasta esa ocasión, pues las fotos fueron publicadas y su novia en turno, Myrka, no las tomó con mucha filosofía...

Jessica me cuenta que se siente orgullosa de ser fan de Luis Miguel y lo considera el mejor cantante. El más carismático, el más talentoso y, por supuesto, el más guapo. Para ella es un artista en toda la extensión de la palabra, que mantiene vivo el romanticismo y que ha hecho que la música mexicana sea conocida en muchas partes del mundo.

El 10 de junio de 2011, desempleada y todo, me animé a ir a San Antonio, Texas, con una queridísima amiga y fan número uno de Micky. Encontramos boletos en la primera fila y no nos importó pagar casi el doble en esas compañías de reventa que en Estados Unidos están permitidas. Era la primera vez que iba a estar tan cerca de Micky como fan, no como periodista, así que me dije: "Ahora sí, mamacita, te le puedes lanzar por que no vienes a trabajar." Y dicho y hecho.

Me valieron los apachurrones. Cuando Luis Miguel pasó por ahí ¡me dio la mano! Ya eso había hecho mi viaje (y la endeudadota) muy valioso. Ah, pero esta vez yo sí iba por todas las canicas, así que cuando en plena canción "Te necesito" comenzó a repartir las famosas (y cotizadas) rosas blancas, estiré la mano, deseé con todo mi corazón que me diera una, ¡y sucedió! Una rosa y una sonrisa, acabaron por rematar mi felicidad...

San Antonio le hizo el milagrito.

"FRENTE A LA CHIMENEA..."

(LA NAVIDAD DE LUIS MIGUEL)

Luis Miguel recibe cientos, miles de cartas. Si por sus fans fuera, le llegarían más cartas que a Santa Claus. Con la diferencia de que Micky las recibe todos los días, no sólo en diciembre.

Hace un año, asistí a una celebración que podríamos titular "La Navidad de Luis Miguel". Fue en casa de mi amiga Martha Codó, ¡la gran Marthita! La condición para asistir era llevar, como la canción, tres regalos: uno normalito, otro de broma y el tercero, y más importante, algo de Luis Miguel hecho, de ser posible, artesanalmente.

Uy, creo que era más fácil llevar "el cielo, la luna y el mar". Yo, tan inútil, me fusilé una idea argentina...

Yo sé que la mercadotecnia voraz hace que se pierda el verdadero sentido del festejo (el nacimiento de Jesús, muchachos), pero frívolamente no puedo evitar disfrutar los jamones, los buenos deseos, la comilona, los regalos, los abrazos, las botellas, los dulces, las luces, los villancicos y hasta los renos.

Pues ahí había todo eso y más. De entrada, el anfitrión era Luis Miguel –de cartón piedra– parado junto al arbolito de Navidad, con *smoking*, gorro de san Nicolás y bufanda blanca. Me contaron que ese Luis Miguel de tamaño natural lo consiguieron en la gira *Romances* y ha pasado por todos los climas. En abril lo ajuarean de cumpleaños, con gorrito y serpentinas; en septiembre, le cuelgan bigotes, sombrero de charro y sarape.

El ponche estaba servido en tazas del cantante que convivían en armonía con las enormes figuras de Lladró que colecciona doña Martha. Un ambiente... (es momento de usar una palabra que nunca he sabido dónde poner) ¡ecléctico!

Estoy en territorio fanático y hay momentos que harían palidecer a Almodóvar. Pero aquello se puso muy divertido, entre el ponche, (que con dos tragos te podía enviar directo al Torito) y los ríos de vino Único que nos mojaban el alma luismiguelera. El intercambio de regalos fue fantástico porque, en un tiempo límite, entre todas podíamos arrebatarnos las cosas, obviamente sin saber qué había dentro de cada paquete. ¡Una grandiosa rebambaramba! Sólo por la intuición escogías el que más te gustaba. Cuando el reloj de arena se terminaba, cada quien desenvolvía el suyo.

Yo no quité la cara de sorpresa porque ahí les va lo que vi esa noche. Podíamos armar un bonito arcón navideño y luego donarlo a algún *hall of fame*. Un tortillero con estrellitas, iniciales y cara de Luis Miguel (foto tomada de cuando caminaba con Araceli Arámbula por Venecia). Un alhajero con cara de Luis Miguel y brillitos. Adornos para el árbol con cara de Luis Miguel. Un *lucky charm* con caras de Luis Miguel y corazones. Un calendario. Unos calzones con la cara de Micky (idea mía robada, impresión Office Max). Una caja forrada con fotos de Luis Miguel para guardar tesoros. Imanes con fotos de Luis Miguel para pegarlos en el refrigerador. Un juego de memoria increíble que me gané por puritita perspicacia. Ya saben, ese juego de pares de cartitas iguales que revuelves, volteas, acomodas y vas destapando de dos en dos tratando de juntar el par. Me encantan porque me recuerdan mi niñez (cándida niñez). Es más, hace poco compré uno en la tienda de un museo en Nueva York que es de gemelos (el juego de memoria, no el museo). Pero ninguno como el que hizo Jessica como tributo a Micky, sólo hay uno en el mundo… ¡y lo tengo yo!, con las portadas de los discos desde el primer álbum *Un Sol*, hasta el más reciente. La verdad es que me ha entretenido muchas tardes muertas y es una joya en el terreno de las manualidades modernas.

Mientras nos reíamos con los regalos, Luis Miguel nos cantaba:"Frente a la chimenea, nos vamos a enamorar, oyendo villancicos mientras comienza a nevaaaar…"Yo soy una mujer de costumbres y extrañé la letra de toda la vida:"Era Rodolfo un reno que tenía la naríz, roja como la grana con un brillo singular."

Esta escritora –yo–, que no quería olvidarse de lo vivido, tomaba fotos de todo, mientras las incansables fans planeaban la estrategia para conseguir entradas para los conciertos en la Arena Ciudad de México y en la Arena Monterrey. ¡De plaza en plaza, como los toreros! Que si vamos, que si cómo, que si también hay que ahorrar para Las Vegas en septiembre, que si a España, que si no.

Lo dicho: hay cosas que sólo se hacen por Luis Miguel. Creánme que soy muy chacharera y nunca he visto un torti-llero con la cara de Elvis, ni de John, Paul, Ringo y George. O un memorama de Tom Cruise. Digo, no es por amarrar navajas interfanáticos. Pero…

Yazmín Jalil dice que por Luis Miguel ha hecho cosas que no haría por ningún otro hombre. Por ninguno. Cosas como hacer el ridículo, dejar su ropa fuera del clóset porque no tiene espacio más que para guardar las revistas de Luis Miguel en los cajones, esperarlo por horas aún con temperatura para escucharlo cantar, gritarle como poseída, empujar gente, cambiar una cita amorosa por ir a un concierto, levantarse a las cuatro de la mañana (¡esa vale el doble de puntos!) para verlo en el *lobby* de un hotel, *stalkear* veinte pisos para ver si lo encontraba, cancelar un viaje a Nueva York por verlo –una vez más– en el Auditorio.

Es conductora de televisión, pintora, ha sido creativa en agencias de publicidad, analista de prensa de la embajada de México en Italia, encabeza la Fundación Mariposas (que consigue fondos para madres solteras, niños y viejitos sin recursos ni amor) y ha sido mi compañera más talentosa y divertida del programa *La sobremesa*.

Yazmín logró lo que todas las fans del mundo han soñado: burlar la seguridad, treparse al escenario y abrazar delicioso a Luis Miguel. Por eso se merece este sencillo homenaje, de parte de la autora de este libro.

Yaz tiene un tesoro que he bautizado como: "Virgen Santa: la mejor foto con Luis Miguel." Ésta es la historia.

Todos los años mi papá me llevaba a Las Vegas (al Caesar's Palace) a verlo. Ese viaje llegamos y cuando fui por los boletos me dijeron que estaba *SOLD OUT*, así que inventé una historia de que mi papá era de los jugadores más consentidos del casino y que debía haber un error. ¡La señorita me la creyó y dijo que tenía dos muy buenos lugares para la fiesta privada, que era ese mismo día! Obvio agarré los *tickets*, subí a cambiarme y me puse todo el perfume que te puedas imaginar (mi mamá decía: "¿Pa'qué te perfumas tanto? ¡No te va a oler Luis Miguel!", jaja). Entramos al salón y si eran MUY BUENOS lugares, la mesa de hasta adelante. Así que le di la cámara a mi mamá (¡que se merece una sentida ovación!, opina la autora) y le dije que ese día yo no me iba sin una foto con él.

Cada vez que se acercaba yo me levantaba para ver si me daba un beso, le agarraba la pierna –durísima–, trataba de arrancarle un cacho de pantalón, ¡algo! (necesitaba mi *souvenir*). Pero, confieso que me moría de pena de jalarlo para que me diera un beso. De repente, de la emoción, yo ya estaba sentada en cuclillas sobre la silla y calculé que si me levantaba casi quedaba a su altura... Así que se acercó, y como chequé que su seguridad estaba medio lejos, ¡tómala!, me trepe al escenario.

Lo único que hice fue buscar a mi mamá para ver que estuviera tomando fotos y cuando la vi atacada de risa con el pulgar levantado de *done*, me relajé y sentí en la espalda a su súper guarura "invitándome a bajar".

Por favor "Big Daddy", coopera con las mujeres desesperadas. Luis Miguel siguió cantando...

EL AUDITORIO

(203 Y LOS QUE FALTAN...)

Feo. Muy feo. El primer Auditorio Nacional se caía de feo. Aunque como dice María Cristina García Cepeda, la coordinadora ejecutiva del lugar, ha sido "un territorio ideal para celebrar citas extraordinarias". Cuando terminaron la remodelación, me paré afuera a observarlo por horas. Creo que hasta se me fue el aire... Me dije: "¡Impresionante! Ahora sí, es uno de los mejores escenarios del mundo (¡mundial!)."

En 2012, el Auditorio Nacional cumplió sesenta años de existencia. Por ahí han pasado todos. Todos. Piensen en un nombre importante y les firmó que estuvo ahí. Bueno, pues con el Tour 2011, Luis Miguel alcanzó el récord de doscientos conciertos (en realidad doscientos tres) convirtiéndose así en el artista con más presentaciones en toda la historia. Estoy segura de que el Auditorio no sería el mismo sin Micky, ni Micky sin el Auditorio.

Marthita Codó no ha faltado a ningún concierto. Yo, como les dije antes, sólo he visto veinticinco y francamente me parecen pocos. Tendría más pero es que la vida a veces te lleva por otros caminos queriéndote convencer de que también hay que ver otras cosas. Además soy mujer de comodidades exigentes, que se niega a ver conciertos en otras partes.

—Vamos al Palacio de los Deportes.

—No. No gracias.

—¡Vamos al Foro Sol!

—¡No! No y no.

—¿A la Arena Ciudad de México?

—Noooooooooooooooo.

Alex, mi hijo, me preguntó hace un año si no me cansaba de ver el concierto de Luis Miguel. Principalmente, porque se percató de que había ido a seis de esa temporada. Se ve que el inocente chamaco pensaba: "Pobre de mi madre", no sabía que yo me traía un asunto y este libro entre manos y que el Auditorio es como el despacho de Micky: sólo ahí te atiende.

La respuesta siempre es: "¡No, no me aburro!", porque amo esa voz. Estoy convencida de que Luis Miguel canta como Dios. Esto último lo sé porque hace algunos años me iba a morir (envenenada por gas pimienta), no ví la luz al final del túnel pero escuché voces…

Tengo amigos que no lo soportan y otros que mueren por él. Pero lo que sí es verdad es que cuando Luis Miguel salta al escenario del Auditorio Nacional, todos han suspirado o, mínimo, dicho: "¡Oh!"

Un día fui con Pepe Aguilar y me acuerdo que estaba trabado en la parte del mariachi. Que si sí, que si no, que si *playback*, que si no suena bien el guitarrón, que los violines no sé qué. Pero en el pop, no dijo ni pío.

Otra vez llevé a un nuevo feligrés a esa parroquia: el torerazo Manuel Caballero. Estaba fascinado: "¡Macho, qué maravilla! Qué tío tan guapo, qué voz… ¿qué en 'Méjico' no se paran en los conciertos? ¡Vengaaaa!", es que estaban todos sentaditos, menos él y yo, jaja. Al día siguiente, salió en hombros de la Plaza México.

Uno de mis mejores amigos aprovecha el momento en que Micky canta con los ojos cerrados… ¡para correr por un trago al bar y regresa muy aplaudidor!

A lo mejor uno de mis conciertos favoritos ha sido el último, por la carga emotiva. Ay, lectores del alma, sólo una madre sabe lo que se siente cuando volteas y tu hijo (tu pollito, tu bebé, tu niñito adorado, tu chiquito precioso) le está cantando a su novia en el oído: "Hoy el aire huele a ti, a complicidad, a hierba fresca y besos, a pasión y obscuridad." Sí, compartimos el gusto por Luis Miguel y Joaquín Sabina. Somos la familia "Adams".

Observando –con sentimientos encontrados– a Alex y Mit, me entró la nostalgia bruta. Recordé cuando Alex, en pañales, cantaba todo el día "Sueña" y "Suave". Y cuando tuvimos que cambiar nuestros *tickets* de pimera fila en el Coors Amphitheatre de Chula Vista (ahora Cricket Wireless Amphitheatre), por una orillita de la tarima de audio, porque las fans se abalanzaron sobre nosotros para tocar a Micky y Alex lloró y gritó peor que si se le hubiera aparecido el chamuco.

Una de las cosas de Luis Miguel que impactan a mi hijo –quien acaba de cumplir dieciocho– es que haya sobrevivido con éxito tantos años. Y que, en sus propias palabras: "Canta muy chido má, sí se rifa."

Nuestra última noche en el Auditorio vivimos un gran momento "madre e hijo". Cuando Luis Miguel nos vio, hizo cara de: "Ah, caray, ya creció." Lo gocé. Sobre todo porque me acordé del gafete rojo, ¿ya lo vieron?

Me lo pegaron en el Tour 1999-2000. Antes de que empezara el concierto, Alex, que tendría 5 años, fue invitado por el *stage* mánager a que en lugar de ver el *show* entre los gritos de las fans (¡y los cantos de su madre!), fuera a jugar y divertirse con otros niños a una especie de guardería que había detrás del escenario. Alex hizo muchas migas con una niñita llamada Peach y con los hijos o miniparientes del *staff*.

Y al final: "Má, hicimos dibujos, comimos dulces y jugamos con Luis Miguel. Y tú, ¿qué hiciste?", contaba con toda tranquilidad. Yo, su progenitora, le preguntaba incrédula y envidiosa, más envidiosa que incrédula: "¡¿Qué?!, ¡¿en serio?!"

Qué mal que ese día no le puse los zapatitos con cámara que compramos en Spy Store en Miami. Dicen por ahí que "el único defecto que tienen los niños mexicanos es que son idénticos a sus padres".

EL GRAN FINAL EN VERACRUZ

"BIENVENIDA, MARTHITA."

Luis Miguel es un hombre muy guapo, y huele delicioso. Yo tengo cuatro años más que él y soy de esas personas que ni soy bonita ni soy fea. Bueno, enloquecí a un hombre por mi guapura, y meses después, otro señor me mandó un mensaje por *Twitter* asegurando que era la mujer más horripilante que había visto en toda su vida. Puede que en mayo me veas muy *sexy* y en julio me bautices como feísima.

Lo mío, lo mío, viene de otro lado (iba a poner otros fracasos, pero tampoco hay que presumir).

Esto lo digo porque las veracruzanas murmuraban: "¿Quién es ésa? ¿Qué le ve?" Tratando de entender por qué Luis Miguel me consentía tanto en el concierto que dio en el Centro de Convenciones de Boca del Río. Sentí que me cubría un velo de envidia y respeto, en ese orden (de esos días en que dices "me hubiera puesto el hilo rojo contra vibras malignas"). Sobre todo porque me sentaron entre la primera fila y el escenario, o sea en una fila cero en la que... ¡estaba yo solita! Frente al cantante.

De hecho, cuando salió al escenario y saludó al público, me atravesó con una mirada de mejor cantante del mundo en español que trata de descifrar a su periodista más fiel. Creo que pensó: "¿Qué haces ahí?"

¡Ésa soy yo con Luis Miguel! En las buenas y en las malas. Cómplice y crítica. Con amor y desamor. Con defectos y virtudes. (¡Soy como Gaviota, pero felina como una leona! Ah no, perdón.)

Después de acosar sin éxito a Luis Miguel en cinco o seis conciertos del Auditorio Nacional y en el hotel donde se hospedaba, se me ocurrió que Veracruz era un buen lugar para platicar con él, que esa vez sería la vencida.

Para que quede constancia de mis técnicas alternativas de contacto con el artista, una noche a la mitad del concierto (en el auditorio), Micky se me paró enfrente y estiró la mano para que me acercara a saludarlo. Nuestras manos quedaron en posición "La creación" (de la Capilla Sixtina). Entonces me dije: "Mi Martha, ¡ahora!", le entregué una cartita y le dije: "Tenemos que hablar." A lo mejor por eso no me hizo caso: esa frase le da miedo a todo el mundo.

Por eso fui al Puerto. Y aproveché para ir a la Parroquia y pasármela bien. Pero, volvamos al World Trade Center jarocho. Sí, tenía el mejor lugar entre los diez mil espectadores de esa noche. Súper vista al escenario porque, para atrás, nada. No me enteraba de lo que pasaba. Lo único que escuchaba era la voz del gobernador Duarte, que me ponía la nuca chinita al ritmo de "Si no supiste amar… ¡Ahora te puedes marchar!" y "Por debajo de la mesa, acaricio tu rodilla…".

Cada vez que escucho a Luis Miguel en vivo vuelvo a pensar que es un cantante fantástico y uno de los mejores de todos los tiempos. ¿Lo han visto en fecha reciente? Además se ve que en Veracruz le entra el amor a su terruño. O al lugar en el que creíamos que había nacido. Que todos decían: "Luis Miguel es veracruzano, igual que Yuri." Luego, supimos que llegó al mundo en Nueva York, como Woody Allen. Y al final, apareció su acta de nacimiento boricua y que entonces era paisano de los Menudos y Glenn Monroig. Ahora, y desde hace muchos años, Luis Miguel es cien por ciento mexicano.

¿Se acuerdan de la primera página del libro, donde explico que para hablar con Luis Miguel hay que utilizar vías alternas? Pues, esta vez usé las señas. Cada vez que cantaba frente a mí y me miraba, yo le decía con "alfabeto dactilológico universal" que teníamos que platicar un asunto importante.

Él no entendía nada. Claro, o cantaba y atendía a los diez mil veracruzanos delirantes o decodificaba mis mensajes. A la mitad de concierto, cuando repartió las rosas blancas inmarchitables, vimos que se guardó la última en el saco. Para sorpresa de la "concurrencia", unos minutos después se acercó a mí y me la entregó guiñándome un ojo. Fue ahí cuando pensé: "Dando y dando, ¡ahora es cuando!", y le entregué una notita ¡pegada a un libro que pesa aproximadamente tres kilos! Ahí en plena canción. Con sentimiento de fondo.

Si me hubiera visto mi madre, con su cara y voz de madre, me regañaría. Me hubiera dicho: "No es el momento." Pero cuando estás frente a una leyenda de la música, tienes que actuar rápidamente. Respiré y seguí cantando. Luis Miguel también.

Al final del concierto, entre las notas de "tus labios de miel en la madrugada, tu piel de durazno al hacer el alba", repartió camisetas del *tour* a manera de despedida. Me lanzó un camisetazo, que casi me voltea la cabeza (les hacen nudo ciego para que vuelen), nos dijo: "¡Hasta la vista!" y desapareció.

Yo me colé al *backstage* con un gafete de *working* que no mentía y anduve curioseando, porque nunca vi un desmontaje de un *show* de Luis Miguel… ¡Impresionante! (Al día siguiente, había concierto en Tuxtla Gutiérrez, en el estadio Víctor Manuel Reyna). Esa noche me enteré de que para hacer el *show* se necesitan alrededor de trescientas personas, entre las que se contratan localmente en la ciudad del evento y las que viajan todo el tiempo con Micky. Si el *show* es en un estadio, trescientas, y si es en Auditorio cerrado, "sólo" doscientas.

Y ahí encuentras de todo, además de los que se ocupan del escenario, hay un montón de asistentes de producción, coordinadores técnicos, una iluminadora oriental, un contador picudísimo, y una abogada migratoria, por si hay algún asunto que resolver. ¡Ése es un *staff* de primer mundo!

Mis amigos de la oficina de producción me regalaron una botella de vino Único, cosecha especial, la cual abracé como si fuera el Santo Grial. Y cuando estaba a punto de despedirme y dar las gracias, entró una mujer corriendo que gritaba en inglés: "¡Necesito localizar a la niña de primera fila, la del libro! El jefe quiere localizarla." (*The girl with the book ¡the girl with the booook!*")

Y yo con botella y media de vino tinto encima: una en la mano y media en el organismo.

"¡Ésa soy yo!", le dije sonriente. Entonces la mujer habló por teléfono con alguien que le daba instrucciones que ella seguía al pie de la letra.

—Que el jefe te invita a cenar. ¿Puedes ir?

—¡Claro! ("*the boss*", pensé).

—Pero, dice que vayas tú sola.

—¡Claro! (se me fue el vocabulario, por la sorpresa).

—Él ya te está esperando, ahí… Alguien te va a llevar ahorita, ¿ok?

Y se formó la corredera (como en el barrio la Cachimba…). Me treparon a una camioneta de producción que me llevó al restaurante Villa Rica. Cuando llegamos había motociclistas, un par de camionetas negras y hombres de seguridad. Un señor enorme, al cual denominaremos hombre de color número 1, me ayudó a bajar de la camioneta y me preguntó si yo era Martha.

"*¿Are you* Martha?" Estuve a punto de decirle: "No", pero no tenía cara de ser alguien con sentido del humor. Así que le contesté que sí, sin soltar mi botella de Único ¡cosecha especial! Me pidió que lo acompañara y de ahí en adelante, no habló más. Sólo señalaba el camino (por aquí, escalón, hacia arriba). Yo me reía sola y para adentro. Le vi cara de nativo de New Jersey, pero más tarde supe que era cubano y entendía perfecto todas las tonterías que dije.

Me condujo por un pasadizo, subimos una escalera y, al llegar a la cima, me entregó con el que denominaremos hombre de color número 2. Este buen hombre, más imponente y oscuro que el otro, me dijo en inglés: "Buenas noches, adelante" y me señaló al *jefe* que estaba ahí parado.

Una escena tipo *Comer, rezar, amar*, con la diferencia de que Bardem y Julia Roberts sí estaban enamorados en la película. ¿O creen que la fascinación que me provoca Luis Miguel se acerca a cierto tipo de amor?

Ahí estaba Micky de traje, sin corbata. Perfecto. Lentes nocturnos tipo Jack Nicholson. Junto a una mesa solitaria, a la luz de las velas, vino y música brasileña de fondo. Sonrisa increíble. Esperándome.

–¡Bienvenida, Marthita!

Tenía ganas de darme la media vuelta y correr.

Por supuesto, me quedé.

CLUBES DE FANS

Argentina

"LUIS MIGUEL GENIAL" - FANCLUB OFICIAL DE ALEMANIA
Desde el 1 de Mayo 2001
Presidenta: Christina Kleinholz
E-Mail: fancjk@gmx.de
Web: http://www.cjkchristina.de/

"TENGO TODO EXCEPTO A TI " FANS CLUB OFICIAL ARGENTINO
E-Mail: tengotodoclublm@yahoo.com.ar
Web: www.luismiguelclub.com.ar

"TODA LA VIDA POR TI " FANS CLUB OFICIAL ARGENTINO
Presidenta: Agustina Mosquera
Vicepresidenta: Sabrina Pumilla/ Elena Da Rocha
Dirección: Chacabuco 1121, piso 1 depto A - CP: 1069 - Capital - Argentina
E-Mail: todalavidaporti@hotmail.com / todalavidaportiarg@hotmail.com
Web: http://blog.iespana.es/todalavidaporti
Grupos: http://ar.groups.yahoo.com/group/todalavidaporti/
http://groups.msn.com/Todalavidaporti

"LUIS MIGUEL INTERNACIONAL FAN CLUB"
Dirección: Liniers 58 (5000) Córdoba Capital - Argentina
Teléfonos: (54-351) 4715730 / 4715618
E-Mail: vcmerino@hotmail.com (Valeria Merino)

LUIS MIGUEL FAN'S CLUB OFICIAL "UN SOL"
Presidenta: Nanci Giano
Coordinadora General: Andrea Doello
Dirección: Rosario 2000, Santa Fe - Argentina - Córdoba 2670
Dto. 3
Teléfono: 034 14 389 182
E-Mail: nanciluismi@hotmail.com / unsolrosario@yahoo.com.ar
Blog: http://unsolrosario.blogspot.com/

FAN'S CLUB OFICIAL "ACAPULCO"
Organizadoras: Gilda Arrieta, Mariel Arrieta y Leticia Tomalino
Dirección: Casilla de Correo 81- Sucursal 8 "B" - CP: 1408 -
Capital Federal Argentina - Argentina
Teléfono: 54114-699-34-43
E-Mail: acapulcoclub@hotmail.com

FAN CLUB "EL SOLAR DE LUIS MIGUEL"
Presidenta: Susana Arias (E-Mail: susana_arias@yahoo.com.ar)
Teléfono: 00 54 11 4620 4955
E-Mail: elsolardeluismiguel@yahoo.com.ar

"ARIES FAN CLUB QUILMES"
Presidenta: Erica Silvana Vega Vicepresidenta: Valeria Lorena de
Perez
Dirección: Guiraldes 310 - 1878 Quilmes - Buenos Aires -
Argentina
Teléfonos: 4253-9169 / 4253-5420
E-Mail: ariesquilmes@hotmail.com/arieslm_quilmes@hotmail.com

FAN CLUB OFICIAL "LUIS MIGUEL HOY"
Presidenta: Lorena Pietrocolla
Dirección: Independencia 349, Ciudadela - CP: 1702 - Buenos
Aires - Argentina
E-Mail: luismiguelhoy@yahoo.com.ar

FANS CLUB OFICIAL "UN SOL"
Dirección: Lavalleja 445 Isidro Casanova prov de Bs As - CP: 1765
- Buenos Aires - Argentina
E-Mail: fansunsol@yahoo.com.ar Sucursal Puerto Rico
E-Mail: lance_bassgirl@yahoo.com.ar Sucursal EEUU E-Mail:
lou4ever7@aol.com

FANS CLUB OFICIAL "AMARTE ES UN PLACER - LUIS MIGUEL"

Presidenta: Analía Verónica Simonetti
Vicepresidenta: Romina Valeria Streinzer
Dirección: Warnes 28 6to 27 - CP: 1414 - Capital Federal Bs As
E-Mail: amarteesunplacerlm@infovia.com.ar
Sede en Miami Vicepresidenta: Paula Crescente
E-Mails: amarteesunplacer1@hotmail.com / micky257@terra.com

FANS CLUB OFICIAL "SIMPLEMENTE LUIS MIGUEL"

Coordinadoras: Valeria y María Rosa Oliva
Dirección: Joaquin Montaña 916 - Barrio Ampliacion America -
CP 5012 - Córdoba - Argentina
Teléfono/Fax: (54-351) 478 24 38
E-Mail: :fansclubsimplemente@yahoo.com.ar
Space: http://luismiguelcordoba.spaces.live.com/

CLUB OFICIAL MUNDIAL "LUIS MIGUEL NUESTRO SOL"

Fundado el 25 de julio de 1985
Presidenta: Alicia Noemi Galea
Vicepresidenta: Jesica Estrada
Apadrinado por: Roxana Palluzzi, Gerardo Reboredo
Dirección: Magallanes 4244 - CP: 7600 - Mar del Plata -
Argentina
Teléfono: (0223)-480-9415
E-Mails: nuestrosol@yahoo.com.ar / clubofinuestrosol@yahoo.
com.ar /
clubnuestrosol@hotmail.com / cnuestrosol@yahoo.com.ar
Web: www.nuestrosol.8m.com

CLUB OFICIAL INTERNACIONAL "¡VIVA EL REY!" CLUB DE LITERATURA SOBRE LUIS MIGUEL

El primer espacio de expresión literaria de los Fan's de Luis Miguel
Presidenta: Jezabell Suad (Argentina)
Staff: Lucy Gómez Sánchez (Perú) - Martha Codó (México) -
Jezabell Suad (Argentina)
E-Mail: Vivalereyclub@hotmail.com
Grupo: http://espanol.groups.yahoo.com/group/vivaelreyclub

Bolivia

LMGB - ARIES - LA PAZ, BOLIVIA
Dirección: C/ Joaquín Leyva, 103 - Alto Miraflores - La Paz - Bolivia
Casilla de correo: 9585 - La Paz - Bolivia
Teléfonos: 591-2-211220 (Fijo/Fax) / 591-12-57771 (Móvil)
E-Mails: gonzi_fonzi@hotmail.com / gonzi_fonzi@excite.com

Brasil

CLUB OFICIAL "CORAZÓN MEXICANO DE LUIS MIGUEL" - BRASIL
Coordenação: Cristiane Sobreira e Edilene Silva
Colaboração: Eunice Darim e Denise Verçosa Caixa
Postal: 2515 - CEP: 01060-970 - São Paulo - SP - Brasil
Grupo: http://br.groups.yahoo.com/group/CorazonMexicano

CLUBE DE FÃNS "LUIS MIGUEL ENCANTO MEXICANO OFICIAL BRASIL"
Elisabete Alves
Dirección: Rua Barurua, 03 Burgo Paulista - CEP: 03682-050 - São Paulo - SP - Brasil Caixa
Postal: 20210-0 - CEP: 04038-990 - São Paulo- SP - Brasil
Telefonos: (005511) 6145.2879 (Domiciliar) / (005511) 9900.8905 (Celular)
E-Mail: encantomexicano1@aol.com

Chile

"TODO POR LUIS MIGUEL" - CHILE
Presidenta: Silvana Cortes
Vicepresidenta: Veronica Mena
Dirección: Tarpaca 883 of 2 - Santiago Centro Santiago - Chile
Teléfonos: 56- 2- 6385701 (Fijo) / 096946032 (Celular)
E-Mails: todoporluismiguel@hotmail.com / todoporluismiguel2@hotmail.com

CLUB DE FANS OFICIAL "MICKY, UN SOL"
Fundado el 17 de Diciembre de 1984
Presidenta: Isabeth Avila Lagos
Vicepresidenta: Marcela Gutierrez Carrasco
Sede: Ciudad de Concepción - Chile Teléfono: 56 9 808 52 93
E-Mail: micky_unsol@latinmail.com
Actividades: Donaciones en $, ropa y alimentos no perecederos a
Institución de Hogar de Cristo

Colombia

"ERES TÚ" FAN CLUB OFICIAL DE LUIS MIGUEL -
COLOMBIA
Sede: Bogotá - Colombia
Presidenta: Ingrid Patiño Sabogal
Teléfono: 232 58 85
E-Mail: ingridonce@hotmail.com
Web: http://www.luismiguelcolombia.tk/

Cuba

CLUB OFICIAL VIVO POR LUIS MIGUEL MÉXICO -
CUBA
Presidenta: Daniela S. Carrillo Montaño
Coordinadora: Enma Conde Clero
Dirección: Hermanos Gonzales,139 - e/9 y 10 Moron - Ciego de
Avila - Cuba

España

"POR LA MAGIA DE LUIS MIGUEL" FANS CLUB
OFICIAL - ESPAÑA
Presidenta: Juana María Arroyo Ogayar
Vicepresidenta: Andrea Jerez Cancellara
Dirección: Apartado de Correos 6 / 45220 - Yeles - Toledo -
España
E-Mail: incondiconal_lmfans@yahoo.es
Web: www.luismiguelfans.es/fansclub

Facebook: https://www.facebook.com/#!/
PorlaMagiadeLuisMiguel
Twitter: @PorlaMagiadeLM

CLUB DE FANS DE MADRID - ADICTOS A LUIS MIGUEL

Dirección: Apartado de Correos 35244 - CP: 28080 - Madrid - España
E-Mail: fansclubluismiguel@hotmail.com

CLUB DE FANS DE BARCELONA - ADICTOS A LUIS MIGUEL

Dirección: L´Hospitalet de Llobregat - Apartado de Correos 3046 - 08900 - Barcelona - España
E-Mail: fansclubluismiguel@hotmail.com

CLUB OFICIAL DE LUIS MIGUEL

Dirección: Apartado de Correos 22 - CP: 47080 - Valladolid - España

CLUB DE FANS OFICIAL MICKY FAN CLUB

Yolanda Garcia Ruiz
Dirección: Apartado de Correos 323 - 08910 Badalona - Barcelona - España
E-Mail: mickyfanclub@hotmail.com

Estados Unidos

LUIS MIGUEL'S FAN CLUB ORANGE Co. - EEUU

Presidenta: Lizzeth Vazquez
Vice-presidenta: Connie Costa
Dirección: 1028 S. Citron - Anaheim CA 92805

CLUB OFICIAL VIVO POR LUIS MIGUEL MÉXICO - CALIFORNIA

Irais Maribel Juárez
Dirección: 1391N Altadena DR. - Apartamento C - Pasadena California, 91107
Teléfono: (626) 791-0472
E-Mail: irais_luismiguel@yahoo.com

FAN CLUB MUNDIAL DE LUIS MIGUEL
Gloria Bencosme
Dirección: 3685 N.W. 14th St. - CP: 22125 Miami - Florida -
USA
Teléfono: 305-638-9140

LAS INOLVIDABLES
Dirección: 2704 Knox Avenue - CP: 90039 Los Angeles - CA -
USA

SAN DIEGO LUIS MIGUEL FAN CLUB
Betty Tosti
Dirección: 4478 Arizona St # 4 - San Diego Ca - 92116
E-Mail: Betty4419@cs.com

NEW YORK LUIS MIGUEL FAN CLUB
Adriana Ortega
Dirección: 143-45 Sanford Avenue, Apt#310 - Flushing - NY
11355

CHICAGO LUIS MIGUEL FAN CLUB
Sophia Santucci
Dirección: 3136 191 Place - Lansing - Il 60438
Teléfono: 708-474-1905

EL SOL - LUIS MIGUEL OFFICIAL FAN CLUB
Presidenta: Barbara Meyer
Vicepresidenta: Arlene Gallegos
E-mail: luismiguel1970@yahoo.com

AMIGOS DE LUIS MIGUEL USA
Presidenta: Miriam Bland Sede: Orlando, Fl.
E-Mail: mobland01@aol.com

Italia

Per Luis Miguel fans club ufficiale italiano
Dirección: Vía F.Corridoni 98, Pescara, Italia.
Web: www.perluismiguel.com
Facebook:www.facebook.com/perluismiguel
Twitter:www.twitter.com/perluismiguel

México

CLUB OFICIAL CONTIGO A LA DISTANCIA
Presidenta: Martha Codó
www.cluboficialcontigoaladistancia.com
Facebook: Contigo a la distancia FCO.

LAS JAROCHAS APOYANDO A LUIS MIGUEL
Presidenta: Soledad Espinoza
Dirección: Rosa Maria Sequeira, Edificio 215 - Departamento 304
- Colonia CTM Culhuacan
Zona 19 - México DF
E-Mail: jarochaluismi_club@yahoo.com.mx

CLUB OFICIAL DE FANS "VIVO POR LUIS MIGUEL"
Presidenta: Daniela S. Carrillo Montaño
Sede: Lindavista - México D.F.
Télefono: 57-54-68-79
E-Mail: misromances2004@yahoo.com.mx

CLUB "UN ROMANCE CON LUIS MIGUEL"
Presidenta: Rosalba Pérez
Dirección: Antonio Caso 201 - 8 COL. San Rafael México DF -
CP: 06470
Teléfono: 55 66 9186
E-Mails: leorosalba@starmedia.com / un_romance_con_luis_
miguel@starmedia.com

TODO LUIS MIGUEL
Dirección: Paseo San Gerardo 17 Facc. - San Carlos - CP: 52140 -
Metepec - Toluca – México

Panamá

FAN CLUB DE LUIS MIGUEL EN PANAMÁ
Director: José Béliz
Control de Fans: Ana María Gonzalez
E-Mail: annemariegf@hotmail.com

Perú

AMIGOS DE LUIS MIGUEL - CLUB OFICIAL DE PERÚ
Miembros: Imelda Otiniano Andía - Patricia Villegas Alvarez - Lucy Gomez Sánchez Nakano
Carmen Hurtecho Achicahuala - Ana La Rosa Vidalón
Dirección: Jr. Pichincha 614-616 Breña Lima 5 - Perú
Teléfonos: (00511) 947-3894 / (00511) 909-1599 / (00511) 423-9446
E-Mail:lmclubpe@hotmail.com
Web: http://www.amigosdeluismiguelperu.com/index1.htm

República Dominicana

CLUB FAN DE LUISMI EN REPÚBLICA DOMINICANA
Presidenta: Sandra Zamora Díaz
Integrantes: Yris Zamora - Rosanna Pérez - Yocasta Ramirez
E-Mail: sandrazd@hotmail.com

Uruguay

FAN CLUB OFICIAL DE LUIS MIGUEL "ROMANCE" EN URUGUAY
Presidenta:Paola Acosta
Dirección: Avda. 18 de julio 1877 CP: 11200 Montevideo - Uruguay
Teléfonos: +5982 402 03 29 (Fijo) / 094 337 566 (Celular) Fax: +5982 409 58 87

FAN CLUB DE LUIS MIGUEL "ARIES" EN URUGUAY
Presidenta: Lorena D´Agata
Dirección: Michigan 1785 CP: 11400 - Montevideo - Uruguay
Teléfono/Fax: (005982) 613 4823
E-Mails: ariesclub@hotmail.com / ariesclub@elsitio.com.uy

MICKY. UN TRIBUTO DIFERENTE

Venezuela

LUIS MIGUEL FANS CLUB OFICIAL DE VENEZUELA
Fundado en Abril de 1989
Presidenta y Fundadora: Peggy Magally Contreras Liendo
Dirección: Apartado Postal 2418 - Carmelitas 1010 - Caracas -
Venezuela
Teléfono/Fax: 0212-561-32-08 / 0412-717-23-77(Celular)
E-Mail: luismiguelfansclubvenezuela@hotmail.com

Si tienes un Club de Fans de Luis Miguel o conoces de alguno que
no aparezca en esta lista, no dudes en darnos los datos para
incluirlo juani.lmfans@terra.es

MARTHA FIGUEROA

P.D. ERES FAN DE LUIS MIGUEL...

"En todos los chicos busco algo de Luis Miguel, su mirada, su ternura, su inteligencia, su talento, su profesionalismo, su encanto", Inés Zurita.

"Cuando pido vacaciones en la oficina, tengo en cuenta las fechas de sus conciertos y viajo sólo por verlo, sobre todo largas horas por tierra… ¡hasta es divertido!", Lucy Gómez-Sánchez.

"Cuando saco entradas para todos los conciertos que brindará en el país después de ahorrar por años. Y cuando lo escucho todos los días, aunque sea por un ratito, para que me levante el ánimo", Carolina Lagnado.

"Cuando me descubro esperando ansiosa una nueva gira para, entre otras cosas, viajar durante una semana, cada día sesenta kilómetros de ida y sesenta kilómetros de vuelta a Buenos Aires para reunirme con mis amigas y disfrutar de la magia de Luis Miguel y verlo en concierto", Jezabel.

"Todos los días cuando me levanto, desayuno en mi taza de LM", Silvia.

"Cuando escucho Luis cada día… y cada día Luis me regala una fuerte emoción, una emoción que nace en mi alma… cada día", Stefania Fiore, Italia.

"Cuando al despertarme cada mañana veo su foto en mi cómoda, junto a la de mis hijos…", Andy.

"Cuando me doy cuenta de que lo he seguido durante ¡veintidós años!", Martha.

"Cuando decidí irme de mi país (Cuba), con el propósito de lograr el sueño de mi vida: ¡verlo!", Nora.

"Cuando me pillo educando a mi hijo para que le haga saber a sus amiguitos que la patadita que está ensayando en la calle no es de Bisbal sino de Luis Miguel", Juani.

"¡Cuando hablo español! Porque lo aprendí gracias a él, y eso me ha regalado experiencias muy bonitas!, Cristina, Italia.

"Cuando la principal característica que reconocen en mí los demás es mi gran admiración y gusto por el Rey", Juliana.

"Me tropecé y me deshice las rodillas por correr como loca, pero la alegría de haber llegado hasta adelante y ver tan cerquita a Micky hizo que ni lo sintiera", Yéssica Sáenz.

"Cuando al encender mi celular está el nombre Luis Miguel y esto me hace feliz. Además abrí una cuenta de ahorros en el banco que se llama 'la incondicional'", Inés Zurita.

"Cuando mi hijo lo primero que le dice a sus amiguitos sobre su mamá es que es la presidenta de un club de fans de Luis Miguel y lo dice con orgullo como si dijera: 'mi mamá es presidenta de la nación o algo así'", Jezabel.

"Cuando reafirmo cada vez que pongo sus discos, sola en mi casa, que sin su música, sin su voz... no podría vivir", Lucy Gómez-Sánchez.

"Cuando él es mi tema favorito con todo aquel que conozco. Cuando de tan sólo escuchar su voz se me pone la piel de gallina", Nora.

"Cuando escucho decirle a la señora de la limpieza en mi trabajo a su compañera 'cuánto le gusta a esta mujer este cantante mexicano'", Juani.

"Cuando sueño con algún día llegar a conocerlo en persona", Juliana.

"Cuando está en mi pensamiento del día a la noche", Gladys Zabaleta.

"Cuando me compro cualquier disco que sale aunque sea recopilación y tenga ya la misma canción por milésima vez o intento ir al mayor número de conciertos posibles aún arriesgando mi economía", Isabel Saez.

"Cuando entro en un comercio y no veo sus discos a plena vista. Los busco y los pongo delante de todo", Juani.

Martha Figueroa nació en la Ciudad de México, en 1966. Es una de las periodistas de espectáculos más reconocidas de México, por su originalidad, agudeza, sentido del humor y muy particular punto de vista. Ha sido reportera, conductora de radio y de televisión durante 26 años. Desde 2001 es columnista del periódico *Reforma*.

Le encanta reírse de la actualidad y encontrarle un lado distinto a la información; lo hace todas las tardes desde su programa "La Sobremesa", en *Cadena Tres*. Tiene una marcada tendencia a burlarse de sí misma, sobre todo en los momentos malos. Éste es su primer libro y si el debut es prometedor, piensa dedicarse a escribir por siempre. Si no... ¡también!

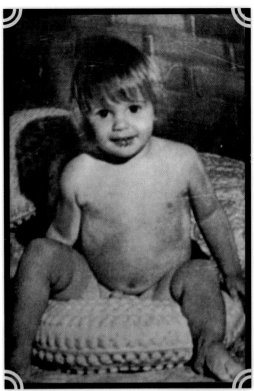

Micky.
(Reproducción: J. Sáenz /
Cortesía: Adua Basteri)

¡Qué ojazos! En brazos
de su madrina italiana.
(Reproducción: J. Sáenz /
Cortesía: Adua Basteri)

Una de sus primeras
portadas, después de
abandonar la "carrera"
de explorador.
(Colección: Olivia Hernández)

Antes de los grandes escenarios, en
plena actuación en una fiesta privada.
(Colección: Martha Codó)

Una reliquia, para los nuevos
fans. Contiene todas mis
entrevistas de antaño con
Luis Miguel.

En el Premier, la meca
de Luis Miguel en sus
primeros años de carrera.
(Colección: Martha Figueroa.
Foto: Marintia Escobedo)

Época en la que yo era la encargada de enaltecer sus
músculos en las revistas. (Colección: Martha Codó)

Edición especial del álbum *Un hombre busca a una mujer*, L.P. que vendió un millón de copias.

A finales de los 80 en un programa de televisión en Chile, cantando en vivo "Palabra de Honor".

En los premios *Eres*
Luis Miguel era el
gran favorito.

Hubo una época en la
que no se soltaba la
melena al cantar; era
su sello.

Cuando empezaron a inventarle romances con todo el mundo. A principio de los 90, sonaba *20 Años*.

Una fotografía inédita. Luis Miguel besa a Elsa Aguirre en el Auditorio Nacional.
(Foto EXCLUSIVA: Eva María García)

En el escenario. Cuando sus conciertos no eran las grandes producciones de ahora.
(Colección: Martha Codó)

¡La famosa foto! Rebecca De Alba y Micky hacían juegos de manos a mis espaldas. Sí, la del centro soy yo. En el camerino de Raúl Velasco en el festival Acapulco 91. Ah, el dedote que casi tapa a Luis Miguel es de Arturo Velasco.

En el James L. Knight Center, de Miami. Horas antes de nuestro encuentro en el pasillo del hotel. Octubre de 1995.

La casa de Luis Miguel en Acapulco. Antes de que se llenara de vecinos, caballos y motos.

Las fans de Luis Miguel son únicas. De izquierda a derecha, adelante: Eva Ma. García, Olivia Hernández, Martha Codó y Martha Figueroa. Atrás: Jessica Sáenz, Mónica González, Adriana Durán y Liz Chávez.

En la develación de su estrella en el Paseo de la Fama en Hollywood, con Johnny Grant. Fotógrafa: la autora, o sea, yo.

En 1996 Luis Miguel y Daisy Fuentes llegaron juntos a la entrega del Oscar. Fue por esas épocas cuando Micky le dio consejos de *Red Carpet star* a Salma.

En el estudio de grabación. Ahí, Luis Miguel se muestra tal como es.

En el estadio River Plate, de Buenos Aires. Las fans le gritaban "Micky...salí".

Mi primera gira con Luis Miguel en Argentina. En pleno *meet & greet*.
(Foto cortesía: Warner Music)

Otra foto en Argentina. Es la que sólo presumo a veces -porque salí fatal- en
¡versión modificada!

Entrada para ver a Luis Miguel en España. Fila 1, asiento 1. Primero de mayo de 1998.

¡Evidencia! En el Palacio de Congresos de Madrid, el escenario era tan bajito que casi podías tocar al cantante.

Prueba de mi "inspección" en El Corte Inglés. Display del disco *Romances*.

Saliendo del hotel en
España, escoltado por
su fiel guardaespaldas,
mi "Anthony".
(Colección: Martha Codó
y Olivia Hernández)

En Madrid.
(Colección: Juani Arroyo)

Con su inseparable "Big daddy", que lo cuidaba siempre y en
todo lugar.

Con sus fans en el Museo Nacional de Arte.
(Colección: Martha Codó)

Saliendo de la presentación del album *México en la piel*, en Madrid.
(Colección: Juani Arroyo).

Nuestra entrevista en Nueva York. ¡Gracias, Micky!

Luis Miguel es el artista latino mejor pagado en Las Vegas.

Su camerino en el Mandalay Bay, Las Vegas.
(Foto: Jessica Sáenz)

En concierto en Las Vegas, en el Mandalay Bay. Septiembre de 2005. (Foto: Jessica Sáenz)

"¿Cómo dice, mi mariachi?" (Foto: Jessica Sáenz)

El triunfador de Las Vegas, año tras año. (Foto: Jessica Sáenz)

Cantando "Que seas feliz" en el *Tour México en la Piel*.

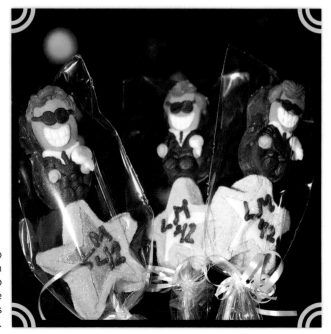

Luis Miguel "hecho un bombón". Un recuerdo, hecho por las fans, de su cumpleaños número 42.

Enamorando a los argentinos. (Cortesía: Eugenia Cabral. Foto: Sandra Lezana Guerrero)

En Córdoba, Argentina, diciembre de 2008. "¡Me está cantando a mí!", eso siente cada fan. (Cortesía: Eugenia Cabral. Foto: Sandra Lezana Guerrero)

Micky en Santiago de Chile. (Cortesía: Eugenia Cabral. Foto: Paulina Marin)

El escenario es el lugar favorito de Luis Miguel. Aquí en Córdoba, Argentina. (Cortesía: Eugenia Cabral. Foto: Sandra Lezana Guerrero)

En la presentación del álbum *Amarte es un placer* en el Casino de Madrid, dos días antes de la amenaza de bomba en el Hotel Palace.
(Cortesía: Warner Music Spain. Foto: M. Poredano S.L)

Los zapatos de Luis
Miguel. ¡Impecables!
(Cortesía: Eugenia Cabral.
Foto: Paulina Marin)

Juani Arroyo,
promocionando a
Micky en España.
(Cortesía: Juani Arroyo)

Luis Miguel saluda a
los fans en Madrid.
(Foto: Juani Arroyo)

El Ajedrez de Luis Miguel, una pieza única. ¡El único sitio donde puedes mover al cantante como quieras! Está en Chile.
(Cortesía: Anna de la Barra)

Figurita hecha en Argentina.
(Colección: Olivia Hernández)

Un autógrafo de Luis Miguel. Podría decir que es mío, pero es de otra Martha.
(Colección: Martha Codó)

Sin comentarios.

Los tesoros de Luis Miguel que guardan las fans: camisetas, fotos, autógrafos, vasos, llaveros, tickets, toallas, muñecos, tazas, revistas, gorras, encendedores, gafetes, pósters, carteras, bufandas, botellitas con agua de su casa de Acapulco…

Otra artesanía para
la colección. Micky
Made in Spain.

¡Hasta en las bragas!
Compradas afuera del
estadio River Plate en
Buenos Aires, Argentina.

Anna de la Barra
festeja en grande el
cumpleaños de su
ídolo, en Valparaíso.

Besos estampados de Luis Miguel.

Un objeto muy preciado entre los fans: la toalla con la que Micky se seca el sudor en los conciertos. (Colección: Martha Codó)

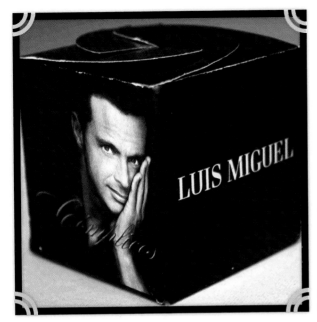

Memorabilia del álbum *Cómplices*.

Fans unidas en Viña del Mar. Lucy Gómez sostiene la bandera de Perú; Martha Codó y Euge Cabral, la de México.

El mejor cantante
latino en acción.
(Colección: Lucy Gómez)

Luis Miguel en el aire.
(Cortesía: *Club Luis
Miguel Fans de España*)

Playa 'Zen', propiedad de Jessica Sáenz Arelle.

Luis Miguel y Aracely Arámbula en el consultorio del ginecólogo en Beverly Hills. Una de las primeras imágenes de la actriz embarazada de su primer hijo, Miguelito. (Foto: Jessica Sáenz)

Feliz y entregado en el escenario. Las Vegas, 2005. (Foto: Jessica Sáenz)

Las famosas rosas blancas que regala Luis Miguel a las fans en sus conciertos. Codiciadas e ¡inmarchitables!

"Se acercó hasta a mí y me la entregó guiñándome un ojo. Fue ahí cuando pensé: dando y dando, ¡ahora es cuando!"

Navidad es... Luis Miguel
colgado en el arbolito

Micky presente en la
fiesta de navidad de
las fans.

La foto con la que sueñan todas las fans. Yazmil Jalil se subió al escenario en Las Vegas y abrazó sin parar a Luis Miguel. El guardaespaldas llegó tarde. ¡Bravo!

¡Todo un récord! Y los conciertos siguieron. Con el Tour *Labios de Miel*, en el 2011, llegó a 203. (Cortesía: *Club Oficial Vivo por Luis Miguel*)

Ma. Cristina García Cepeda, Coordinadora ejecutiva del Auditorio Nacional, entrega a Luis Miguel la "Dalia de Plata" por 180 conciertos. El cantante pisó por primera vez ése escenario en 1991.

Así se despidieron de Micky las fans del *Club Vivo por LM*, después de otra temporada de conciertos en el Auditorio Nacional.
(Foto: Olivia Hernández)

Dos generaciones con Luis Miguel...¡Yeahhh! Alex, digno hijo de su santa madre, que soy yo.

Mi querido gafete rojo. Sólo hay una cosa mejor que ver cantar a Luis Miguel: ir al *backstage*.

Cada vez más cerca del público. Auditorio Nacional, 2011. (Foto: Eva María García)

Montaje. *Tour Labios de Miel.*

Espectacular en medio de la nada. Anuncio colocado en Chiapa de Corzo, cerca del Cañon del sumidero.
(Foto: Martha Figueroa)

Luis Miguel y sus bailarines. Ah no, son sus guardaespaldas. En concierto en Phoenix, Arizona.
(Colección: Olivia Hernández)

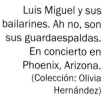

"Así se lleva México en la piel." (Foto: Eva María García)

En el Caesar's Palace de Las Vegas. Septiembre, 2010. (Colección: Olivia Hernández).

Micky, no hay más.

El Rey latino
del pop y el bolero.

La estrella de las
multitudes derrocha
energía en concierto.

La mejor manera de entender a Luis Miguel es en el escenario. Estadio Azteca, 2002.
(Foto: Martha Codó / Lucy Gómez)

Un cantante mexicano reconocido internacionalmente. De gira por Norteamérica en el 2005.
(Foto: Jessica Sáenz)

Con Jeff Nathanson, su saxofonista de cabecera desde 1991.
(Cortesía: *Por la Magia de Luis Miguel Fan Club Oficial*)

Un gesto característico de Luis Miguel. Así saluda y se despide del público siempre.
(Foto: Martha Codó / Lucy Gómez)

Micky se divierte en grande sobre el escenario, donde casi nunca falta el mariachi.
(Colección: *Club Contigo a la Distancia*)

De norte a sur y de sur a norte, siempre arriba del escenario haciendo
lo que más le gusta: cantar. (Colección: Olivia Hernández).

"En el escenario desahogo muchas cosas y me retroalimento muchísimo con la reacción de la gente." Luis Miguel. (Foto: Jessica Sáenz)

Guapo. Guapísimo en el
Tour 1999-2000

¡El pase más cotizado en las
giras de Luis Miguel!

Madrid, Buenos Aires,
Cancún, Miami, Nueva
York... ¡Seguirlo es un
placer!